光尘
LUXOPUS

樊登读书
育儿系列

唤醒孩子的
内在成长

樊登读书

编著

人民邮电出版社

北京

图书在版编目（ＣＩＰ）数据

唤醒孩子的内在成长 / 樊登读书编著. -- 北京：
人民邮电出版社，2023.3（2023.4 重印）
（樊登读书育儿系列）
ISBN 978-7-115-60483-5

Ⅰ．①唤… Ⅱ．①樊… Ⅲ．①家庭教育 Ⅳ．①G78

中国版本图书馆CIP数据核字(2022)第227347号

◆ 编　著　樊登读书
责任编辑　郑　婷
责任印制　陈　犇

◆ 人民邮电出版社出版发行　　北京市丰台区成寿寺路 11 号
邮编 100164　　电子邮件 315@ptpress.com.cn
网址 https://www.ptpress.com.cn
文畅阁印刷有限公司印刷

◆ 开本：880×1230　1/32
印张：8　　　　　　　　2023 年 3 月第 1 版
字数：156 千字　　　　2023 年 4 月河北第 2 次印刷

定价：59.00 元

读者服务热线：（010）81055671　印装质量热线：（010）81055316
反盗版热线：（010）81055315
广告经营许可证：京东市监广登字 20170147 号

推荐序

花海中的蜂鸟

李跃儿

很久以前我看视频的时候，注意到一个爽朗的小伙子，他坐在一个像是大车间的空荡荡的厂房里，面对镜头侃侃而谈，分享对一本书的看法。看到他的第一眼，我就被他吸引住了，津津有味地看完了那段视频。后来，我去网上搜索这个人是谁，才发现原来他叫樊登，经常通过解读一本书的方式为人们介绍好书，而听他讲书在当时已经成为一种潮流。

樊登讲的书涵盖各个领域，我注意到其中最多的是哲学思辨、历史文化、心理情感、职场成长、亲子育儿这几个方向，比如分享心理学的新发现、对历史和当下的感悟，讨论如何运营公司、如何进行时间管理和目标管理等。那些没时间读完一本书的人，可以通过听樊登讲书，用四十分钟的时间知道书中说的是什么，而且樊登能够把一本书的精华清晰地梳理出来，把书中的趣味点罗列出来，供听众享受。如果听众觉得不过瘾，还可以赶紧买一本书细读，也许就会发现樊登没有发现的细节，或者被樊登的发现所启发，点亮头脑中的"那盏灯"。这些有趣的体验，都是樊登带给我的，所以我特别感谢樊登。

有一天，有位朋友问我，有没有兴趣跟樊登聊聊我的作品《关键期关键帮助》，顺便分享一下育儿经验。

我当时就想：怎么跟樊登聊啊？我总觉得这本书的逻辑性和条理性都欠佳，它就是一个教育实践者的絮语，大多数人读这本书都会觉得啰唆死了，樊登那样的大忙人真的有时间去了解这本书吗？

等到了樊登的工作室，看到满满一屋子书时，我的内心丝毫不觉得意外。只是书架上亲子育儿类的书较少，我不免有些担心。我们刚要开始录制，拍摄的机器就出了问题，我和樊登当时并不相熟，坐在那里面面相觑，我也忘了樊登会问我书中哪些问题，于是急中生智，开始给他讲鬼故事，他竟然听得津津有味。我发现樊登的眼睛真的像孩子一样清澈，整个人都全神贯注地听我讲鬼故事，就在我们相谈甚欢甚至有些激动的时候，机器修好了，我们开始进入正题，讨论《关键期关键帮助》这本书。这时我才发现樊登对亲子育儿竟然非常在行，而且他的观点和思考都不是来自我的书，而是对我书中提到的观点和知识的一种提升式的思考和探究。

我顿时觉得樊登是个很有育儿经验的作者，后来也看到他通过涉猎亲子育儿的方方面面，不断帮助孩子"教育"他们的爸爸妈妈，帮助父母成长。现在，我们可以在这本书里找到樊登在亲子育儿方面分享过的精华内容，这些精华也是一名合格的家长所要具备的基本素养。

可以说，为人们汲取书的精华是樊登擅长做的事情，他就像一只蜂鸟，把每本书中的蜜糖采给我们，然后装进一个美丽的瓶子里，也就是现在大家手里拿着的这本书。

拿到这本书的人，哪怕只读完一章内容，也可以在亲子育儿方面有所收获，而如果听过樊登的直播或讲座，也可以再看一遍这本书，让目光在这些精华之间徜徉，让知识慢慢渗透进大脑，从而改变自己的心，改变对待孩子的教养方法。

感谢樊登这只花海中的蜂鸟。

本书源起

樊登读书

樊登读书自创办以来，对育儿问题的关注从未间断。我们不仅自己在不断挑选好书、挑选好的内容与大家分享，还邀请了许多经验丰富的教育学、心理学专家参与其中。越来越多的专家学者在我们的邀请下，或以专题课的形式探讨育儿话题，或选取他们所推崇的育儿图书，融合自己的思考解读与大家分享。

樊登读书还有一个专门为父母提供知识方法的栏目，叫作"新父母"。"新父母"这个栏目的创立，承载着我们对社会上父母这个角色的共情和期待。社会上每个身份都有与其相对应的责任，但是父母这个身份并不像职业身份那样，有着比较明确的要求、门槛及考核的标准，甚至做得不合格也不会有失去该身份的风险。因此，社会上始终存在着这么一种现象：许多人成了父母，却没有尽到父母的责任。当父母没有能力"尽职尽责"的时候，受到影响的不仅是他们的孩子，还有整个社会。

在过去，很少有人会去专门学习怎么当好父母，而随着育儿知识的普及和公民素质的提升，越来越多的人开始注重这方面的学习，已经开始从心态和观念上逐渐转变，更加能够接受科学的养育方法和知识，注重成长和反思。这些父母与那些固守错误认知的父母相比，何尝不是值得期待和鼓励的"新父母"呢？

"新父母"这个概念给了我们更加明确的方向，那就是为大家提供更多更优质的内容，帮助更多家长胜任父母的角色，出版图书的想法也就此产生。

育儿领域的图书种类非常多，很多父母都是遇到什么问题就买哪一方面的书，这就如同"语文不行就补语文，数学不行就补数学"，不能解决根本问题，反而容易在焦虑中自乱阵脚。但是父母如果能够掌握一幅知识的"地图"，就能让育儿这个复杂体系尽量变得有章可循。

那么，能不能出一幅"一站式解决育儿难题"的"知识地图"？这幅"地图"最好既脉络清晰，又话题全面，能够涵盖育儿过程中的大多数问题；既能指点迷津，让读者更便捷地去理解专业的育儿观点，又能够为读者指路，让大家在看书学习的时候不焦虑、不盲从，选书时有一个正确的方向。

于是，我们成立了项目组，启动了专业的编辑团队，开始对育儿领域普遍受认可的理论知识、专家思想、实践方法进行全盘梳理，终于搭建出了思路清晰、话题全面的知识脉络。遵循这样的脉络，我们精选了国内多位教育专家的育儿专题课程及多位专家对经典育儿图书的解读内容，以及我们对一些优秀育儿图书的解读和思考，按照不同的话题进行了统合和精编，终于形成了这套"樊登读书育儿系列"。

本系列图书共三册，分别为《给孩子一个幸福的家》《唤醒孩子的内在成长》《面向未来的养育》。每册都单独成书，可以分开购买和阅读。不过更推荐大家按照从第一册到第三册的顺序来看，因为它们的内在逻辑层层递进，同时对应樊登读书亲子教育的三根支柱理念：无条件的爱、价值感和终身成长的心态。

第一册：《给孩子一个幸福的家》

成长当中最重要的力量源自坚信自己被爱着，而这种信念是父母能给予孩子的最好的礼物。给予孩子无条件的爱，意味着采用一种更具有人文关怀、更受主流教育理念认可的亲子相处方式。这是由"新父母"所创造的"新亲子关系"，更是教育本质的回归。

很多写亲子关系的育儿图书往往只注重父母与孩子之间的关系，这虽然很重要，但并不算全面。亲子关系不只与亲子间如何相处有关，还和父母如何与自己相处，如何与彼此相处，甚至如何与原生家庭相处有关。无条件的爱，只有在这样广义的"亲子关系"概念下才能真正发挥作用。我们不仅要爱孩子，更要爱自己，爱自己的伴侣，爱这个家，这样才能让孩子真正感受到爱的氛围。

　　本书从自我疗愈、和谐家庭、亲子沟通、高质量亲子陪伴等话题出发，希望可以帮助大家获得认知方面的提升，找到亲子关系的幸福密码，给孩子一个幸福的家。

第二册：《唤醒孩子的内在成长》

　　要想在一个新领域得心应手，底层认知非常重要，育儿的底层认知便是儿童发展心理学。什么是儿童发展关键期？父母的很多行为究竟是帮助了孩子还是影响了孩子的发展？作为"新父母"，如果不了解这些，何谈育儿？

　　很多父母无法帮孩子建立价值感，原因就在于他们依然遵循着所谓"多少代传下来"的育儿方式，沉迷于当一个"高高在上"的"绝对权威"，而忽视了孩子的发展规律。更重要的是，他们往往只看到了孩子的外在，却不重视孩子精神的存在。

　　本书从父母的认知觉醒、儿童发展规律、儿童内心发展、尊重孩子自主成长等话题出发，希望可以帮助大家成为拥有先进、科学观念的父母，培养出拥有健全心灵和完整人格的孩子。

第三册：《面向未来的养育》

　　教育孩子，一方面要注重培养孩子终身成长的心态；另一方面，我们也要用动态的眼光看待孩子，用开放的眼光看待社会的发展。

随着科技的高速发展，未来社会的竞争环境注定更加复杂多变，自立能力、学习能力、社会能力和创造幸福的能力变得愈发重要。我们要给孩子怎样的教育，才能让他们有信心、有力量、有期待地面对未来的世界？

本书立足当下、放眼未来，呈现多位教育界学者的独到观点和理论实践精华，帮助孩子以积极的心态快乐而高效地学习和成长，以卓越的姿态面向未来。

以上就是"樊登读书育儿系列"三册图书的核心思想。

真心希望本系列图书——这幅为所有"新父母"设计的"知识地图"，能够成为您实用的索引工具和贴心的朋友，陪伴您开启一段珍贵而难忘的育儿旅程。

目 录

第三章　用爱浇灌孩子的心灵

第四章　让孩子掌握自己人生的方向盘

第一章

改变孩子，从改变自己开始

再平和的父母，在面对育儿问题时也难免有愤怒与焦虑的时刻。我们时常反思，也时常重蹈覆辙。或许问题不在孩子身上，而在于我们自身。

　　本章将从一个独特的视角帮助大家理解育儿中的各种问题，更清晰地认识自己、认识孩子，完成一场心灵的觉醒之旅，从而提升自我认知，成为孩子健康成长的指南针。

第 1 节　踏上心灵的觉醒之旅

李小萌解读《家庭的觉醒》

38 岁的我终于做了妈妈。在这之前，我已经做好了充分的心理准备，全心期待孩子的降临。即便如此，我也没能在第一时间给予孩子好的爱和陪伴。这时我才深刻地意识到：爱和陪伴虽然是父母的本能，但也是需要"觉醒"的。

在女儿出生后的前两年，我对她所有行为的第一反应和我脱口而出的话，都和我爸以前对我的严苛评价如出一辙。直到说出这些严苛的词句时，我才惊讶地发觉，那些记忆中的批评、指责和随意评价，仿佛已经刻在我的脑子里，张口就来。我告诉自己得学着把这些话咽回去，换一套我认可的语言系统来回应她。

如果父母给予了你足够的爱和陪伴，那么你在养育孩子的过程中，唤醒这份本能会比较容易。如果你小时候没有得到足够的爱和陪伴，那么就需要通过自己的努力，唤醒爱和陪伴的本能。这个过程也是重新爱自己、重新成长、破茧而出的过程。它确实令人非常痛苦，但值得你为之努力。

本节解读的《家庭的觉醒》一书，就和上述观点息息相关。我第一次读这本书时，感受到了极强的冲击感。正如书名中的"觉醒"二字，它能打破固有的思维，带来新的灵感和力量。

作者沙法丽·萨巴瑞认为：孩子不需要父母带领他们觉醒，因为他们本身就是觉醒的。重要的是父母自己内心的觉醒，父母觉醒的程度越深，离孩子的心便越近，也越能给孩子温柔而有力量的教养。这与我们熟知的传统教养方式不同，因为要改变的不是孩子，而是父母自己。

其实，每一位父母都有能力培养出具有很强适应能力、在情感上与父母保持深度联结的孩子。但实际上，很多父母无法做到这一点，因为被现代社会错误的育儿理念和自身的局限蒙蔽了双眼。

家庭生活既是柴米油盐，也是修行。通过《家庭的觉醒》这本书，沙法丽·萨巴瑞仿佛在人类最深层的渴望与日常生活琐事之间建起了一座桥梁，不仅教我们如何处理亲子关系，也带领我们踏上一段心灵的觉醒之旅，摆脱为人父母的恐慌和焦虑，成为更好的自己。

父母生气，是孩子的错吗？

这是作者沙法丽某一次和女儿争吵时的场景：

12岁的女儿玛雅不想和妈妈一同去参加聚会，她高喊："我不去，妈妈，我就是不想去！为什么要我参加你朋友无聊的聚会？"她走进自己的房间，"砰"地关上了房门，这种反应夹杂着倔强、坚持、任性。

沙法丽被玛雅的行为惊得合不上嘴，自己明明是为女儿好，她怎么能这样对自己说话呢？被愤怒冲昏头脑的沙法丽也愤愤地冲进玛雅的房间，说："不许你用这种语气跟我说话，你必须尊重我，你必须马上道歉，然后去参加聚会。"说完，沙法丽夺门而出，用力地把房门甩在了身后，用同样情绪化、不理智的方式，和孩子对抗。

这样的场景，几乎每个家庭、每个妈妈都经历过。

有一位妈妈曾向我倾诉，她家孩子还很小的时候很难被哄睡，每晚睡觉前都会哭闹，折腾一两小时才睡是常有的事。即便之前她有这个心理预期，也学习过相应的育儿知识，但在实际面对孩子难以入睡的状况时，她还是忍不住爆发了。

有一次，她尝试了所有的哄睡方法，在洗澡、按摩、放音乐、讲故事、喂奶、抱睡，一系列操作后，孩子还是精神抖擞，一到床上就哭。当时已经晚上12点多了，而这位妈妈第二天还要上班。

所有的情绪一下子涌了上来，她崩溃了，她把孩子丢到床上，对着他大喊："你想干什么呀？为什么要这么对我？"孩子虽然还不会讲话，但看到她的神情，听到她大声吼叫，哭得更厉害了。她也不知道还能怎么办，自己也哭了起来。

当我们朝孩子发怒时，就像在情绪上被人推了一把，摔了一个跟头。我们通常认为是孩子的行为导致我们发火的，我们告诉自己：他们又吵又闹，是为了试探我们，挑衅我们，把我们逼到极限。为了让怒火师出有名，我们可能还会说："看，是你逼我发火的！"

传统的育儿方法认为，父母情绪爆发、陷入焦虑或恐慌，都是孩子的过错。所以，当孩子的行为催化了这些情绪时，父母就会指责他们："为什么要这么对我？"

当然，如果是较为现代的处理方式，父母或许会用较为中立的语调，尽量避免使用批评的话语，或者在快要被激怒时，给自己一些冷静的时间。

但是，无论是传统的方法还是现代的方式，都有一个共同的问题：效果短暂。不管父母怎么做，这样的事情还是会反复出现，孩子依然会做出糟糕的事情，父母依然会生气、冷静、自责，不断循环，最终也没能解决问题。

其实，这些处理方法都没有触及行为的根源。我们从书籍、专家、亲朋好友那里学来的各种技巧，都只是针对孩子特定的行为，而不是行为背后的动机。这些技巧都是关于如何控制孩子的行为，如何使他们不让我们生气的。我们以为，只要让孩子做或不做某些事情，我们就不会在面对他们时情绪失控。

这就像一个游戏，父母和孩子在竞争，看谁能领先对方一步。这个过程中充满矛盾与对抗，可想而知，这个游戏肯定会以生气、焦虑、失望而结束。

觉醒的教养方式打破了这种游戏规则，因为它试图改变的不是孩子，而是父母自己。只要父母觉醒了，为孩子创造了合适的环境和条件，孩子自然就会改变，并能达到更高的觉醒境界。

那么，父母该如何去创造这些条件呢？书中给了我们一些指引，希望能对大家有所启发和帮助。

觉醒式教养法

我们都说父母是孩子最好的老师，那是因为父母的行为会潜移默化地影响孩子。从孩子会模仿开始，最先看到、听到的，就是爸爸妈妈的一举一动、一言一行。这种影响，大到一些支撑人生的品质，比如坚韧、乐观、真诚，等等，小到生活习惯，比如勤洗手、爱看书，等等。

有一次，我和某位儿科专家聊天，他说的一个现象让我印象深刻。

在门诊中，经常有很多家长前来咨询："医生，我家宝宝不好好吃饭怎么办呀？"虽然孩子不好好吃饭的原因很多，比如饭菜不可口、挑食、偏食、饮食习惯没有建立起来等，但最根本的原因还是父母没有以身作则。比如，很多父母都习惯先追着孩子喂饭，等喂完了孩子，自己才匆忙吃两口。孩子因为压根儿没见过家长好好吃饭的样子，所以根本不知道怎么样算是好好吃饭。

有的父母总是一边喂饭，一边对孩子说："我的好宝宝，张大嘴……来，再吃一口，你真棒！"那你想想，孩子在吃饭，父母却在说话，孩子怎么能好好吃饭呢？当他看到爸爸妈妈在对他说话，他是不是也会学着父母，在吃饭的时候说着"嗯""啊"，试图和父母对话？

相信很多人都明白这个道理，但在实际的养育过程中，总是在无意间变成了自己当初讨厌的那个大人，把我们曾经的感受也传递给了自己的孩子。

这样的弯路，很多人都在走，我们不必因此而自责。我们要做的是让孩子成为我们的镜子，意识到自己身上也有着各种各样的小问题，把无意识的错误行为纠正过来，一步步走向觉醒。

我女儿三岁多的时候，有位小朋友想玩她的玩具，我女儿很大方地同意了。那位小朋友玩了几十分钟后，我女儿也想玩了，想把玩具要回来。结果在她把玩具要回来的时候，那个小朋友突然开始大哭。于是我对女儿说："你看他哭得多难受啊，要不你就让他再玩一会儿吧，反正他总会还给你的。"但我女儿摇摇头，说："不。"

我继续引导她："你看他现在哭得那么伤心，一定很不舒服，你再让他玩一会儿他就会还给你的，晚上回去我们还能继续玩。"我女儿继续拒绝我，说她不想这样。我又坚持劝了她两次，突然，我女儿也开始号啕大哭。

安抚好女儿之后，我思考为什么她会是这样的反应，是我有什么地方做得不好吗？我猛然意识到，小时候我的父亲也经常这样对我，女儿哇哇大哭的样子极像小时候那个同样哇哇大哭的我。

在我五六岁的时候，我的姑姑从上海买回来两双很时髦的凉鞋，一双蓝色的，一双粉色的，姑姑让我和她的女儿一起选。我们俩都喜欢蓝色的那双，就争吵了起来。然后我父亲就很生气地对我说："你怎么能这么不懂事？这是姑姑买回来的，当然应该让她女儿先挑了，你还吵！"那个瞬间我其实特别委屈，当时的我只是一个五六岁的孩子，我想的就是姑姑让我选颜色，我当然选我最喜欢的了，我哪能考虑到"这是她妈妈买的，我就得谦让她"这样的道理呢？

我恍然大悟，我女儿已经把玩具给别人玩了一会儿了，并且对我说了这会儿想把玩具要回来，她已经明确地表达了她的想法。结果就因为别的小朋友哭得特别伤心，我就让她再把心爱的玩具分享出去，还多次引导我三岁的女儿去体会别的小朋友的心情。但实际上，她哪能明白这些啊！一个三岁的孩子能懂得分享已经很不错了，我竟然还无视她的需求让她再次把玩具分享出去。其实，这只是我想做的，我想标榜自己特别崇高、特别乐于分享罢了。

你可能会问我，如果这就是本书所说的"觉醒"，那么有让自己"觉醒"的具体方法吗？我总结了三个步骤，让我们依次说一说。

触发情绪的根源是自我恐惧

当我们审视内心时，就会发现触发暴怒、焦虑、伤心、无助等负面情绪的，并不是孩子的行为本身，而是我们自己内心的恐惧。

比如，我们总是希望孩子能取得成功，希望孩子能达到某个标准，希望孩子不要落于人后。因为我们把世界想象成一个恐怖、优胜劣汰的地方，所以很担心孩子的未来。我理解这种恐惧，毕竟现实社会是充满竞争和挑战的，人们也往往以"成功"与否来衡量一个人的价值高低。很多人都是这样一路走过来的，都是以这样的标准去要求自己、强迫自己进步和提升的。这些观念自然而然就落到了孩子身上，变成了获得高分、成为优等生、融入"对"的群体等目标，最终目的都是将来能找到好的工作，遇见好的伴侣，过上好的生活。

很多家长可能会说："这样想有错吗？我为孩子的未来着想是

理所应当的，现实社会确实竞争激烈呀。"这一点我也同意，但合理规划未来与破坏、剥夺孩子当下的自由生活是两码事。家长是以未来为导向的，孩子恰恰相反，他们活在当下，他们渴望享受眼前的生活。

有这样一种说法，人们之所以焦虑，是因为无法走出过去、对未来充满恐惧，而忽视了当下——也就是临在的力量，所以焦虑才会滚滚而来。其实很多人原本内心很平静，可自从做了父母后就变得焦虑了，孩子成了父母与过去、现在和未来的连接点。

在跟孩子相处时，我们的很多纠结、矛盾和冲突其实不是孩子本身造成的，而是他的某些行为连接了我们自己的现在和童年，让我们沉浸于儿时的负面情绪，无法释怀。孩子的一举一动也让我们想到了长远的未来。孩子今天不吃饭，会不会长不高？今天不好好学习，是不是就考不上大学？一个原本内心平静的人，因为有了孩子，因为不经意间把过去、当下和未来连接起来，变得充满焦虑感。

就拿跟孩子一起读绘本来说吧。如果你能够跟孩子一起去读书中的故事，跟着书中的情节起伏、跟着书中人物的情绪一起大笑，一起伤心。你们的眼神触碰，看到彼此眼中的自己，那么这一段时光，你和孩子就都是活在当下的，你们也真正地收获了彼此高质量的陪伴。

相反，如果你指着一行字说："来，给妈妈念念。"念着念着，孩子有一个字不认识，于是你说："你看看，这么简单的字都不会念，隔壁小明都会了，你怎么回事？"这时候你对未来的恐惧取代了当下该有的专注，那么这段亲子阅读不仅没有成为高质量的陪伴，可能还成了孩子以后再也不想和你一起读书的原因之一。

想要正确地跟孩子相处，就要锻炼自己关注当下的能力，把对未来的恐惧、对过去的纠结都抛在脑后。只有这样，才能真正地彼此相伴、携手成长。

因此，我们在希望孩子朝着"好"的方向发展的同时，不要忽略了孩子作为独立的个体，本身就是觉醒的，他们有能力依靠自己的智慧，适应生长环境。我们应该为孩子提供足够的空间，让他们自己去探索世界。

要教养孩子，必先教养自己

许多家长把教养的焦点放在孩子身上，"一切都是为了孩子"这样的话我们经常能听到，甚至很多家长为了孩子不惜放弃工作和个人生活。

在很多家庭中，正是因为这样固有的观念，只要孩子稍微不符合父母的要求，父母就认为孩子不好、不够努力；一旦孩子符合了父母的期望，父母又会归功于自己，认为自己教得好、培养得好。

觉醒式教养就是要进行思想上的大逆转，把教养的焦点转移到父母身上，需要被教养的不是孩子，而是父母。

回想一下，有多少次，你的孩子在经过一天的辛苦学习后，一上车或一进门，你就连珠炮似地向他们提问？如果孩子没回答上来，或者回答只有几个字，你是否马上就会生气，认为他不理解你的良苦用心，不愿意和你交流，愤怒的情绪又是一触即发？

我们换个思路想想，如果孩子进门后，你不是一连串地追问，而是帮孩子脱下沉重的书包，给孩子一个拥抱、轻抚他们的后背，结果会不会截然不同呢？

这么一点小小的改变，就能带来截然不同的效果。可见换个角度，不再试图唤醒孩子，而是明白孩子在唤醒我们，我们看到的世界就是另一番风景了。

让孩子"被看见"

你认为孩子最想从你那儿获得的东西是什么呢？是最新款的手机、新鞋子、名牌衣服、一次迪士尼乐园的游玩，还是顶级私立学校的学费呢？

可能大家都觉得，孩子最喜欢买东西、买玩具或到游乐园去玩。但是孩子内心真正想要的东西远比我们想的要深刻。作者在书中给了我们答案，这也是每个孩子都想问的三个问题：

- 我被看见了吗？
- 我有价值吗？

• 我重要吗？

有一次，我在家里跟我父亲因为一点小事拌了几句嘴。那天我和女儿要出去玩，走到大院门口的时候，她仰起头看着我，说了一句话："妈妈，我知道现在家里的事让你挺有压力的，但是我希望从走出咱们院门的那一刻开始，你不要想那个事了，跟我一起好好地度过今天下午，咱们俩是一起去玩的。"

你或许会说我的女儿是比较敏感又会表达的小孩，不是所有孩子都有这种能力。但实际上，每个孩子都有自己的特质，在希望孩子理解我们、跟我们共情之前，我们必须已经给过他成百上千次的理解和共情。这样他才能知道被理解是什么感受、怎么去理解别人，才能在关键时刻给予我们安慰。

有一次，我的女儿骨折了，还挺严重的。我对她说："妈妈看到你这样特别心疼，这一定非常疼吧？在咱们家祖孙三代里你是第一个经历骨折的人。但你非常厉害，你经历了这些之后，比我们都了解骨折是怎么回事。将来如果其他家庭成员也发生了这样的事，而你已经学会了接受它、面对它的方法。这样你就收获了很多成长。"

在这个先与她共情、再引导她的过程中，她首先觉得她的疼痛被妈妈看见了，被妈妈关注到了。但同时，妈妈又可以给她解释，告诉她这件事情对她不仅仅是坏事，还有好的一面。所以，在这件事发生后两三年，她回想起自己骨折，仍然是愉快、温暖、被爱、被重视的感受。

我们俩路过一个大商场时，她说："妈妈，你还记得上一次咱们俩是什么时候来的吗？"我说："我不记得了。"她说："就是我骨折的时候，你推着轮椅带我来的。"我觉得那个时候我真的好幸福。

当我们真正地看见孩子、让他知道他是重要的，他其实是真正地活在感受里的，他也可以和我们建立非常好的联结与合作。

当孩子觉得自己被看见、认为自己有价值，并且觉察到他们是作为一个"人"，而不是因为他们所做的事情而获得重视时，他们便感到充满力量。

在孩子还小的时候，他们还没有建立对自我的认知，这个时候尤其需要父母给他们爱和反馈，让他们感受到自己是被爱、被关注、被重视的。当孩子的自我价值感建立起来，相应地也能召唤出内心更强大的自己，勇敢地走向未来。

觉醒式养育技巧

走上觉醒之路后，我们还要善用养育技巧来引导孩子，构建更好的亲子关系。书中介绍了九个养育技巧，下面我跟大家分享令我印象最深的两点，并谈谈我的看法。

从盲目反应到真挚表达

第一个技巧就是我们要从无心地反应过渡到用心地陪伴，不再给孩子盲目的反应，开始真挚地表达。

我们说过，父母和孩子间最大的冲突是"时间差"，父母考虑的一直都是未来，而孩子永远活在当下。如果我们和孩子的目标不一致，自然没办法理解孩子的想法，和孩子感同身受，并给予真挚、坦诚的反馈和陪伴。

一次，沙法丽的女儿玛雅跟她聊起了时尚打扮，玛雅说，她看到时尚杂志上的漂亮衣服，觉得当一位时尚模特应该是件特别好玩的事情。

沙法丽听完的第一反应不是和女儿共情，而是觉得女儿好肤浅，她不希望女儿长大后成为一名时尚模特，这和她对女儿的未来规划差得太远了。想到这儿，她的情绪被激发了，对女儿说："玛雅，你长大了可不能成为一个没头没脑的傻瓜，只对打扮或者潮流之类的事感兴趣。你要成长为一名世界公民，关心如何去消除贫困、行善助人。"

听了这话，玛雅说："妈妈，我只是在说几件衣服而已，我不是在说我的未来，我才 12 岁，我的朋友都在谈论这些，我做错什么了呢？"

是呀，一个 12 岁的孩子看到漂亮的衣服，表达了自己的喜欢，这不是一件再正常不过的事情吗？这无关未来，只是孩子当下的感受、当下的喜欢。是我们太敏感了，害怕孩子无法成为我们想要的样子，情急之下做出的反馈反而伤害了孩子。

类似的事在我家也发生过，有一次，我女儿突然问我："我们家有没有保时捷？"

我的第一反应和大部分家长一样，觉得有点难堪，以及下意识地觉得：小小年纪怎么那么爱钱呢？这不是价值观有问题吗？是不是学会攀比了？如果是没有在养育中反省、思考过的我，可能一顿道德批评就脱口而出了。但那时候，我已经意识到了，做父母的要真挚地表达，不要去评判，于是我只是回答："咱们家没有保时捷。"

然后你猜我女儿接下来问我什么问题？她问我："保时捷是什么？"

当你不带评判地回答孩子，你会发现孩子是单纯的。很多时候，孩子的问题就是"1+1=2"这样简单、不拐弯的问题，其实我女儿连保时捷是什么都不知道。反而是我差点儿去道德批判她，说她爱钱、攀比，险些让孩子种下这颗种子。

至于这个故事的后续，是这样的。

我："就是一个特别贵、特别好看的车。"

女儿："那咱们家怎么没有啊？"

我："那你觉得咱家的车怎么样？"

女儿："挺好的呀，能放下我和妈妈的自行车，还能把座椅调一下让我们躺上去。"

我："哇，真好，你很了解咱家车的功能啊。你觉得它适合咱们吗？"

女儿："很适合，我喜欢。"

然后这件事就这样过去了。

那如果我带着道德评判，对女儿发脾气了呢？这件事会演变成什么样？后果只有一个，就是孩子越来越不愿意和父母分享任何事情、任何感受了。

如果这样的问题正在你家发生，书里有三条改善亲子关系的法则，帮助你重新把孩子拉回身边，重塑你们的亲子关系。

第一，相信自己，也相信孩子。对自己的教养之道有信心，能让孩子知道生命里什么是最重要的；也相信孩子有自己的理解和判断力，知道自己喜欢什么、什么对自己是最重要的。

第二，用心倾听，不要被自我带着走，不要被情绪淹没。要听到孩子真正想表达的是什么，比如有时候孩子只是喜欢几件好看的衣服而已。

第三，坦诚表达，无论认不认可，都要给孩子真挚的反馈。作为父母，肯定会担心孩子被表象迷惑，看不清事物的本质；担心他们见识不够，做出了错误的判断。这些你都可以跟孩子说，让孩子感受到你是在用心跟他交流，并理解他的感受，孩子会认为自己是被尊重的、被看见的。

就拿玛雅的例子来说，这样的反馈更容易让她接受："你的想法让妈妈有些震惊，可能是妈妈有点老派，不懂时尚。但我听到了你说自己喜欢什么和不喜欢什么，虽然我有点担心这样的价值观有些肤浅，但妈妈相信你未来会有自己的判断。"

其实，表达真实的自我原本应该是世界上最容易的事情，但许多父母常常对此感到惊慌，让表达真实的自我变成了世界上最难的事情。和孩子一起回归真实的表达，是我们能够给子女最美好的礼物之一，因为这为他们打开了真实的大门。

不再盲目反应，开始真实表达，这会为我们与孩子的关系带来巨大的转变。

接下来，让我们通过生活中一些真实的场景，理解如何从盲目反应转变到真实表达。

具体场景：

考试临近，但孩子还是沉迷于玩手机。

盲目反应：

"你怎么还没开始复习？赶紧把手机放到一边去，否则我就没收，以后再也别想玩！"

真实表达：

"孩子，你现在有点分心，我可以帮你做复习计划吗？那样你就可以好好准备考试了。"

"看到你还没开始复习，妈妈有点担心你。我们能聊聊你为什么不想学习吗？看看怎么解决这个问题。"

真实表达的方式也有很多种，而这些方法的核心只有一个，那就是读懂孩子的需求，和孩子一起寻求解决方案。明白了这个道理，相信你在生活中做到用心陪伴孩子、对孩子真挚表达也就不难了。

为孩子创造空间，找回父母的力量

这本书中有一个让我印象深刻的观点，那就是孩子本来就是觉醒的，家长的主要任务就是巩固他们天生的觉醒意识，为其提供可以开花结果的土壤，为孩子创造自由发展的空间。

让孩子自由发展不等于不管不顾，而是充分了解孩子，遵照孩子的天性，在顺应他需求的前提下，给予合适的引导。家长不能随意抹杀孩子的天赋和好奇心，完全按照自己的想法，遵照某种特定的标准去改变孩子。

家长也要认识到，孩子本身就是有能力的人，孩子对自我价值的认同感是从日常生活中慢慢建立起来的，而不是依靠多么昂贵的培训班。我们要做的，就是减少冲突、对抗，给孩子创造一个独立且相对自由的空间，比如：在洗手台下加一个踩脚凳，让孩子可以独立完成洗漱，而不需要父母帮他洗；给孩子准备独立的储藏柜，让孩子安排自己的物品摆放规则，需要了可以自己拿，乱了可以自己收拾；进入玄关的门口，可以放置低一点的挂钩，孩子进门可以直接挂好自己的衣服和书包。

从这些小事做起，给孩子一定的自由空间，让孩子独立完成，也能慢慢培养起孩子的自我认同感，让孩子相信他是可以自己照顾自己的，甚至可以帮助爸爸妈妈完成一些事情，找到自己的归属感和价值感。

当然，自由也不是放纵，而是建立在清晰的界限和规矩的基础上。那怎么定规矩呢？这里教你两个小原则。

第一，你不能设定连自己都不遵守的规矩。当听到"规矩"这个词时，你也许会以为我说的是单纯给孩子制定的规矩。但是，这本书的核心观点就是把教养焦点转移到父母身上。所以制定规矩之前，一定要知道自己做不做得到、自己的规则和界限是不是清晰。

很多时候，家里的冲突和争吵，就是缺少明确的规矩造成的。比如，规定了晚上十点必须睡觉，可是当孩子玩得高兴不愿意去睡觉的时候，在孩子的恳求下，父母马上就放松了，允许他再多玩十分钟、二十分钟……结果到了晚上十一点，孩子还没入睡，父母又开始抱怨："这么晚了还不睡，怎么回事呀？我明天还要上班。"

仔细回想一下，这样的规矩其实根本算不上规矩，因为它是可以改变的，可以随孩子的心情和父母的心情而改变，缺少清晰的界限。

第二，每条规矩都要以服务孩子成长为目的。一条规矩的制定，不能仅仅为了父母舒服、方便，或者为了不让孩子做出让父母担心的事情，而是能够帮助孩子管理和应对当下的生活，提高孩子的韧性，帮助孩子成长为有独立生存能力的人。

哪些规矩能帮助孩子成长呢？作者从四个方面给了我们一些建议。第一，要尊重自我，做好自我护理，包括清洁和睡眠；第二，要尊重个人所处的环境，创造整洁的房间和家；第三，尊重个人的内心，接受正式或非正式的教育过程；第四，要尊重家庭和社群，平等与人沟通，为社会贡献。总而言之，制定规矩时一定要清晰明了、平和冷静，且为孩子的成长服务。

我还想跟大家说一些话，很多父母，尤其是妈妈，会把成为母亲这件事情浪漫化，并希望自己成为一个完美的好妈妈。事实上，为人父母不是一种天生的技能，好父母也不是天生的，希望大家能从这种执念中走出来，从要求自己和孩子变得完美转向更关注彼此的成长。

父母不可能做到时时刻刻都有耐心，养育中的不完美是正常的。一方面，我们应该谅解自己的不完美。但是另一方面，我们在摆脱了情绪的控制后，还要做一个意识觉醒的父母，记住以下这几个要点。

1. 孩子是父母的一面镜子，也是父母的"唤醒者"。孩子身上的很多行为习惯，都是父母自己行为习惯的折射，父母意识到这一点后，更要以身作则，给孩子树立好的榜样。反过来，孩子也会在家庭中受到父母潜移默化的影响，与父母共同成长、彼此促进。

2. 孩子和父母之间之所以会产生矛盾和冲突，最根本的原因是"时间差"。父母的关注点永远在未来，而孩子在意的永远都是当下。因此，要解决亲子关系中的矛盾，父母首先要学习的就是走进当下，和孩子一起，站在他们的角度看待问题。善于倾听，真诚表达，让孩子感受到他们是被看见的、被认可的。

3. 除了和孩子肩并肩站在一起，给孩子创造自由成长的空间也是非常重要的。自由空间既不是不管不顾，也不是无限放纵，而是在清晰规矩的前提下，给孩子独立且自由的发展空间，让孩子慢慢在生活中建立自己的价值感和认同感，建立强大的内心世界，勇敢走向未来。

这里，我想借用书中的一段话祝福你：

希望你有幸有一个这样的孩子——

他与你对着干，

从而你可以学习如何放手；

他不听话，

从而你可以学会聆听；

他有拖延症，

从而你学会欣赏静止时的美；

他老忘事，

从而你可以学习摆脱对于事物的依恋；

他过度敏感，

从而你可以学会理智；

他总是心不在焉，

从而你可以学会专注；

他敢于反抗，

从而你学会打破常规思维；

他感到害怕，

从而你学会相信宇宙的力量。

希望你有幸有一个这样的孩子——

他使你学会，

这一切不是关于孩子，

而是关于你自己。①

---

① 沙法丽·萨巴瑞.家庭的觉醒：养育自主、坚韧和有觉察力的孩子[M].上海：
上海社会科学院出版社，2019：161.

第 2 节　重构与孩子的情感关系

张泓美解读《真希望我父母读过这本书》

在面对孩子的各种问题时，很多父母都会产生疑惑和焦虑，甚至感受到很多负能量。比如，当孩子犯了错或闹脾气时，跟他讲道理，他不听；想批评他，又怕他压力太大、情绪失控。那么，到底应该如何跟孩子沟通呢？

或许我们都察觉到了，从上一辈那里"继承"的亲子沟通模式，已经不能帮助我们顺利解决问题。那些来自童年、存在于我们内心深处的体验，甚至会产生一些负面影响，阻碍我们与孩子之间的交流，破坏彼此的关系。

本节要介绍的书叫作《真希望我父母读过这本书》，作者菲利帕·佩里是一名从业 20 多年的心理治疗师。育儿的过程也是我们重新了解自己的过程，在养育孩子时我们可能会无意识地犯一些错误，也会有许多因素阻碍我们与孩子的交流，希望大家可以通过本节内容学习书中的观点和方法，更好地处理自己的情绪，学会应对孩子的情绪，增进交流，让亲子关系变得更加深厚。

处理好自己的情绪

俗话说：言传不如身教。在养育孩子的过程中，孩子会出现各种各样的问题，但在思考孩子的这些问题之前，我们不妨先看看他们效仿的榜样——父母。

书中提到了一个有趣的教养观念，作者认为"父母"这个词应该指照顾孩子的人，也就是说，如果是父母照顾孩子，那么"父母"就是父母，如果是其他人代为照顾，那么"父母"就指他人。照顾孩子的人从自己的上一辈那里所接受的教育方式，会藏在这个人教育孩子的底层逻辑中，上一辈在他们身上留下的影响，有一天也会重现在他们对孩子的教养过程中，无论这种教养方式是积极的，还是消极的。

过往经历对育儿的影响

有个女孩在玩耍时被卡在攀爬架上下不来，她呼唤她的妈妈，希望妈妈能把她抱下来。但她的妈妈以为女儿在无理取闹，觉得她明明可以自己轻松地下来，却非要让自己抱，心中突然冒出一股无名火，对女儿大喊："马上给我下来！"

女孩费了好大的力气才爬下来，她走过去小心翼翼地想拉妈妈的手，而妈妈正在气头上，把女孩的手甩开了。女孩感到很委屈，哭了起来。

后来，随着女孩的情绪逐渐平静，妈妈也把这件事置之脑后。一周后，母女出门玩耍时又遇到一个攀爬架，女孩想起了上周发生的事，虽然很想玩，却不敢去。妈妈看出了女孩的心思，就拉着她一起去玩。这一次妈妈站在攀爬架旁边看着女孩玩，当她发现女孩又被卡住时，没有像上次那样发火，而是耐心地引导和鼓励她从上面下来。

女孩问妈妈："妈妈，为什么你上次不帮我呢？"

其实，这位妈妈也在这样问自己：为什么上次没有帮女儿，反倒对她发火了呢？她从自己的童年经历中找到了源头。

小的时候，母亲总是担心她出意外，时刻提醒她要小心，这让她觉得自己好像没有能力做任何事，很没有自信。现在她有了女儿，她不希望女儿变得像自己一样，她希望女儿是独立、有能力的，而不是遇事就依赖别人。所以，当女儿向她求助时，她才会生气。

我们的教育方式深受自己过往经历的影响。还有一个例子：父母正带着孩子在路上走，突然孩子不走了，父母问他为什么不走，孩子说前面有一只虫子，正好横在前面的路面上。这时，父母也许很不理解："为什么你不能迈过去或绕过去呢？"但是孩子可能担心的是："如果我迈过去，它爬到我的腿上怎么办？"这时，孩子正处于一个缺乏安全感且无助的状态。如果父母忽视孩子表达出来的不安，认为这是无足轻重的小事，久而久之，这种不安全感就会隐藏在孩子心中，甚至会传递给他的下一代。当他为人父母，遇到类似问题时，也会采用自己父母曾经的做法。

这种情绪积压得越久，就越不容易被发现和被解决。它会使我们在面对问题时产生负面的情绪反应，从而下意识地做出与孩子对抗的言行。如果我们能跳出这个反应，勇敢地承认过往经历对自己的影响，就不会莫名其妙地跟孩子发脾气了。

为了尽可能避免这类情况发生，可以多做一些情绪练习，从而梳理自己的情绪，了解自己的内心，更好地处理问题。

书中给出了很多方法。比如，当孩子的所作所为让你发脾气时，先别急着做出反应，可以先停下来问问自己："我的情绪真的只与当下孩子的问题相关吗？"

当你对孩子的行为有所不满时，可以问问自己："我的观点真的客观吗？"从而站在客观、公平或孩子的立场上，去理解这件事的意义或性质。

你还可以从自己每次生气的反应中寻找自己生气的规律，最好能回忆起第一次产生这种感觉是什么时候。你会发现，这种反应可能已经伴随你很久了，每次遇到类似问题你都会发火。而这种早已形成的习惯和反应，往往跟当下的情景并没有什么关系。

这种练习可以帮你更好地认清当下的情绪，而不至于把一切问题都归结在孩子身上。

从修复自己的过往开始

每个家庭都可能出现矛盾，家庭成员在日常生活中难免彼此误解、做出错误的判断，甚至伤害到自己和家人，因此，家人之间的情感修复至关重要。然而，当孩子对家长没有足够的信任，是很难配合家长进行情感修复的，因为面对一个从来不说心里话、总是站在"正确"的立场上居高临下做出指导的家长，孩子很难有安全感，也难以产生情感上的信任。

对于父母来说，能成为让孩子信任的人非常重要。没有人会毫无缺点，也没有人从来都不犯错，孩子需要的是真实、可信的父母，而不是十全十美、始终"正确"的权威。

很多父母都不肯用真实的一面面对孩子，逃避谈论自己的童年和成长历程，这使他们在孩子心中变得愈发不真实、不可信。

书中举了一个例子：作者请一位男士描述一下自己的童年，他却说自己根本没兴趣，因为他觉得自己的童年很正常。事实上，他的父亲在他三岁时就离开了，在之后的成长过程中，父亲的探望越来越少，这让他认为，童年时父亲缺位是一种正常现象，父亲对于孩子的成长是无关紧要的。所以，当他成为父亲后，他对自己的孩子也关注得很少，甚至面对吵闹的孩子时，想要马上逃离家庭。

但是，当作者与他深入探讨后，他才发现，自己童年时与父母的关系其实是破裂的，这种破裂延续到了他与他的孩子之间的关系上。面对孩子的问题，他也想像自己的父亲当年那样逃离，而不是主动去修复关系。童年的经历触及了他的某处伤口，使他拒绝修复当下破裂的关系。如果童年时压抑在心底的悲伤不能释放，那么他可能永远无法修复自己家庭中破裂的部分。

童年时期，如果你的父亲或母亲曾经离开、遗弃你，或者很少关注你的感受，可能会导致你长大后也想要逃离教养的责任，甚至找各种借口不去面对自己的家人和孩子。因此，当我们与孩子之间出现问题、需要情感修复时，首先要从修复自己的过往开始。

我们该怎样修复自己的过往呢？

书中有一些小练习。比如，带着同理心去回顾过往，你可以在状态比较放松时问问自己："孩子的哪些行为让你产生了最强烈的负面反应？是不是因为自己小时候出现同样的行为时发生了什么事，才导致自己出现了这样的状态？"回顾这些，可以帮你更准确地找到问题所在。

我们还可以追踪一下来自记忆的信息，闭上眼睛，寻找关于这些负面反应最早的记忆，它可能是一句话、一个眼神、一个图像或一个感觉，也可能是一个故事。问问自己："在那个记忆中，你最主要的情绪是什么？那个记忆与现在的你有关系吗？它是如何影响你的养育方式的？"

在做这些练习时，不管你出现什么反应或想法，都不必觉得丢人，而是应该庆幸你发现了问题。不妨用心去体会那份感受，直到你能够接纳它为止。一旦你接纳了自己的负面情绪，接纳了当初的记忆，你就会知道，一定还会有更好的办法能够解决这个问题。

积极回应孩子的感受

在养育孩子的过程中，沟通是一个无论如何都避不开的话题。我们总是希望孩子能明白我们的意图，明白我们对他们的期望，但是一味地说教往往并不奏效。那么，如何才能让孩子明白我们的心意？怎样才能实现有效沟通呢？

作者告诉了我们一种简单有效的方式：回应孩子的感受。

当我们能够敏锐地察觉回应孩子的感受时，就能立刻引导孩子，并且和他建立一种良性的关系。这也是帮助孩子形成健康心理的基础。关于积极回应孩子的感受，这里介绍以下几个要点。

包容感受

我们在回应时第一步要做的，就是包容孩子的感受。

忽视或否定孩子的感受，对孩子的心理健康是有害的。如果一个人在童年时期没有从亲子关系中获得足够的关注和安抚，得不到理解、安慰和包容，还经常被告知"不要想太多"，甚至经常独自哭着入睡或独自生闷气，那么随着这种情况的次数逐渐增加，他忍受不愉快和痛苦情绪的能力就会越来越差。当一个人把太多负面情绪塞进内心后，总有一天这些情绪会让他无法承受，从而陷入情绪失调。很多抑郁症患者的病因，都与长期忍受负面情绪有关。

包容孩子的感受，意味着承认他当下的感受是真实的，这对孩子来说非常重要。回应孩子感受的方式有三种，父母可以在这三种方式之间相互切换。

第一，不要压抑自己或孩子的情绪。

当自己有不好的感受或负面情绪时，不要压抑，也不要劝自己"没事，我要勇敢一点""我太小题大做了""这根本不算什么"，而要用正确的方式表达出来。不仅如此，在孩子出现感受和情绪时，你也要坦然接纳，要让孩子知道，这是人的一种正常状态。

第二，不要反应过度。如果你能够理解孩子的情绪，但处理方法却比孩子更加歇斯底里，甚至陪孩子一起哭，那就是反应过度了。如果父母表现得仿佛自己承受了这种痛苦，会让孩子觉得自己给父母带来了巨大的负担。为了减轻父母的负担，他以后可能都不太敢表达自己的情绪了。

第三，不问缘由，认可孩子的情绪。当你发现孩子看起来不开心时，可以问问他："宝贝，你不开心吗？需要拥抱吗？"真正的包容，是不问缘由、不管感受和情绪是否合理，也不以对错去评判，是站在为人父母的立场上，问孩子是否需要自己。

如果孩子知道自己能够获得你的关注和抚慰，而不是指责、干涉或评价，他会更愿意告诉你发生了什么事。孩子需要的是父母的包容和陪伴，父母只需要陪在他的身边，了解并接纳他的感受，这就足够了。

确认感受

在很多时候，父母容易忽视孩子的感受。比如，当孩子尝试新鲜事物而感到害怕时，父母常常会呵斥他："男子汉，怕什么！"当孩子不小心摔倒后哭泣，父母又会大声说："多大点儿事，还值得哭？"但是父母应该意识到，这是孩子在向自己表达内心的感受，确认孩子的感受才能让亲子之间建立紧密的联系和积极的互动，否认孩子的表达只会让孩子未来用更糟糕的表现来引起父母的关注。

要想确认孩子的感受，父母可以对孩子这样说："你感到有些害怕，是吗？这样吧，我先来摸一摸它，看看它会怎么样。""你摔疼了，这让你很难过，是不是？让我看看你的膝盖有没有受伤。我觉得我们下一次要慢一点走了，你说呢？"

父母要允许孩子产生负面的情绪，认可孩子的感受，而不是立刻否定他或让他转移注意力，这样才能帮助他化解不适的感觉。不过，接受孩子的情绪并不代表全盘接受孩子的行为，父母依然可以通过其他方式，对孩子的行为进行引导。

修复关系

我们都希望自己从未伤害过孩子，能够引导孩子朝着好的方向成长，但几乎每一位父母都或多或少地伤害过孩子。如果是这样，我们要如何弥补呢？

第一个解决方案，就是积极修复与孩子的关系，不要跟孩子冷战，更不要等孩子主动来与我们修复关系。作为父母，我们应该勇敢地迈出这一步，比如对孩子说："宝贝，妈妈刚才的话可能说错了，我觉得我应该用更好的表达方式。如果下次妈妈再这样说，你就提醒妈妈一下，好不好？我会试着去改变的。"

孩子会向父母学习，当他看到父母愿意主动与他修复关系，他也会选择用同样的方式来处理问题；相反，如果父母总是在等孩子低头道歉，那么孩子对自己的认同感就会不断降低，甚至认为自己应该远离父母，不愿意再与父母建立联结，从而让彼此越来越疏远。

第二个解决方案，就是感受孩子的感受，而不是处理他的感受。这两点要怎么区分呢？

作者举了一个例子：有一天，四岁的女孩诺瓦和爸爸一起开车外出，诺瓦的表哥也想搭他们的车。表哥上车后，直接就坐在了诺瓦平时最喜欢的座位上，这让诺瓦当即哭了起来。

如果你是诺瓦的父亲，面对哭泣的女儿你会怎么做？相信很多父母要么对孩子说："坐在哪里都一样，你别那么任性了！"要么是要求表哥起身，把座位让给诺瓦。

但诺瓦的爸爸是如何做的呢？他选择蹲下来，让自己的视线与诺瓦平齐，温和地对诺瓦说："你看到他坐在你喜欢的座位上，你感觉很难过，对吗？你是不是很想坐在那里？"这时，诺瓦的哭声稍微缓和了一些，直视着爸爸，表示他们互相体会到了对方的感受。随后，爸爸又指着另一个座位问她："你想坐那边吗？你可以点头或摇头告诉我。"令人惊讶的是，诺瓦立刻不哭了，自己坐到了前面的儿童座椅上，系好安全带，还愉快地跟表哥聊起了天。

诺瓦之所以放弃自己的坚持，愉快地选择了其他座位，是因为她体会到了爸爸的共情，体会到了爸爸对自己情感上的支持，这让她很快好了起来。

可见，父母越能接纳和感受孩子的情绪，孩子就越有让自己幸福和快乐的能力，并且也越愿意与父母建立联结。孩子有时的任性只是在告诉父母他的感受，聪明的父母会把握这个机会与孩子产生共鸣，接纳孩子的感受，从而促成亲子之间心灵的相契。

使用有效的互动方式

常常有些家长抱怨道："我的孩子可闹心了，一不给他什么东西，他就开始号啕大哭。"实际上，孩子在跟父母互动时，多半都会先进行尝试。如果他发现通过大声索要或哭闹的方式能让父母妥协，那么下次他就会故技重演。相反，如果孩子在好好说话时，父母能给予他恰当的回应，那么下次孩子也会用好好说话的方式向父母提出他的需求。简单来说，父母的回应方式，决定了孩子能否与父母进行良好的互动。

对于孩子来说，最早建立的人际关系就是与父母之间的关系。亲子关系是双方在对彼此的影响中培养出来的，这为孩子的心理健康奠定了基础。

父母应该如何与孩子建立良好的情感关系，如何与孩子互动和交流呢？对于不同年龄、不同情况的孩子，有效的互动方式也会有所不同，我从书中选取了一些典型情况，为大家简单介绍。

与年幼的孩子互动

父母与孩子之间的交流，从很早的时候就开始了。当婴儿向父母发出声音时，就是在跟父母沟通。而手势、哭喊、和父母之间的游戏等，都是他们学会说话之前的互动方式。

每个孩子都有一套自己独特的表达方式，父母要认真观察他释放出来的信号是什么含义，并且在与他交流时，要做到有来有往、相互影响。如果父母能接纳孩子的表达方式，愿意平等、耐心地对待孩子，那么孩子不但能在生命早期获得非常充足的安全感，还会获得被尊重的感觉，继而也会学会尊重别人。

这里介绍两种与年幼的孩子进行交流的方法。

第一种方法：与孩子同步呼吸。你可以把孩子抱在怀里，或者躺在孩子身边，孩子吸气时，你也吸气；孩子呼气时，你也呼气。当你感到与孩子呼吸同步时，你的内心会很满足，孩子也会很有安全感。

第二种方法：和孩子玩互看游戏。你和孩子先看着彼此，再看向别处；然后再看回彼此，再看向别处。反复多次，轮流进行。重复这个小游戏，孩子会非常愉悦，也会在这个过程中觉得自己是受欢迎的，自己的需求是能够获得满足的。

与长大的孩子互动

如果在孩子小的时候，父母忽视了他的暗示和独特的表达，或由于其他原因没能建立良好、亲密的亲子关系，孩子在长大后很容易自我价值感低，害怕与人交流，甚至患上交流恐惧症。在这种情况下，父母与孩子的互动方式就要重新做出改变。

你可以先试着向孩子抛出一个问题，引出话题，看看他是否想与你沟通。哪怕他只是说一句"嗯，知道了"，就再也没有回应也没关系。只要他给予回应，就说明你们有继续沟通的可能性。

接下来，你可以延伸之前的话题，比如顺着他的话来讲："我发现这个地方很有趣，你注意到了吗？那里有个……""你来看看我做得怎么样？"当你们能在某些话题上产生共鸣，孩子的交流恐惧症就会逐渐消失，也会慢慢觉得沟通是一件有趣的事，并从中获得一定的安全感。

与出现问题的孩子互动

在沟通过程中，有些孩子的确很让人头疼。他们不但不能好好沟通，还经常做出一些令人抓狂的举动，比如大喊大叫、过度黏人、沉迷手机无法自拔等。现在我们来分析一下他们为何会这样，以及我们该如何与他们互动。

第一类：大喊大叫的孩子。孩子在需要回应时父母没有给予相应的关注、孩子认为自己没有获得关注，或者孩子不确定父母会不会给他回应时，很容易进入挑战状态，以此引起父母的注意。而一旦进入挑战状态，他就会不断挑战父母的底线，大喊大叫就是最常用的方式之一。他们大喊大叫的目的是引起父母的关注，让父母知道他需要被理解、被重视。这种时候，父母越是不理他、呵斥他，或给他讲道理，就越会增加他的不安和不被重视的感觉。

避免这种情况出现最好的方法就是多陪孩子阅读和玩耍，最好在孩子感到无聊、还没有吵闹时就这样做。尤其在长途旅行中，如果父母能一开始就把精力花在孩子身上，孩子就会沉浸在与父母一同进行的活动中，而不会大吵大闹了。

第二类：过度黏人的孩子。黏人这个问题很多父母都遇到过，我儿子有一段时间也特别黏我，只要不跟我在一起，他就特别缺乏安全感，总是试图讨好我。比如，一会儿帮我拿来鞋子，一会儿跑过来问我："妈妈你渴不渴？我给你倒水。"

孩子为什么会变得黏人呢？如果孩子正在经历一段只想黏着父母某一方的阶段，不用担心，这表示孩子已经拥有了培养稳定关系的能力。孩子黏人这件事本质上没有好坏之分，你甚至应该去享受它，因为这说明孩子已经对你形成了强烈的依附关系。这种依附关系越稳固，孩子就越有安全感。引用一句作者的话："帮孩子培养独立精神的关键，在于让孩子在准备好及想离开你的时候让他离开，而不是疏远他。"①

第三类：沉迷于手机的孩子。书中还提到了一个让父母特别在意和烦恼的问题，就是孩子容易沉迷于玩手机。一拿起手机，孩子就忘乎所以，不能自制了。

但是，父母要弄清一点，孩子手里的手机真的是他自己发现的吗？我想不是的，多数情况下都是父母为了跟他交换条件，塞到他手里的。比如，在孩子三四岁时，很多父母为了让孩子在吃饭时不

---

① 菲利帕·佩里.真希望我父母读过这本书 [M].北京：中信出版社，2020：166.

哭不闹，会把手机塞到孩子手里，让手机代替父母来陪伴他。

而且大多数父母在孩子身边使用手机的时间也很多，尤其在工作了一天，比较累的时候，就想玩玩手机放松一下。这就会给孩子一种暗示：既然爸爸妈妈放松时能用手机，那我也可以吧！

所以，关于孩子玩手机的问题，归根结底，是父母与孩子之间的互动和交流出现了断裂，手机成了父母的替代品。要想让孩子放下手机，关键还在于父母要与孩子重新建立联结，实现有效互动。在孩子需要父母的回应时，父母能够积极地满足孩子，并与孩子一起进行一些有趣的活动，这样才有可能让孩子主动放下手机，将注意力放在更多有意义的事上。

放弃输赢游戏

父母和孩子之间的任何行为都可以看成一种沟通。不管是成人还是孩子，有时之所以会以不得体、惹麻烦的方式行事，都是因为他们没有找到更有效、更恰当的方式来表达感受和需求。所以，面对孩子的问题时，父母不如先认真观察和思考一下：孩子的行为是否说明他们试图表达什么？你能帮他用更得体的方式表达吗？同时也问问自己：他的行为与你的行为之间有什么联系？

作者讲述了一个自己的例子，有一次她带着三岁的女儿步行去商店买东西，回来的路上，女儿突然不走了，一屁股坐在地上。而作者手里提了很多东西，已经累得筋疲力尽，很想马上回到家休息。这时如果你是她，你会怎么做？

作者的做法是放下手里的东西，蹲在女儿旁边，看看她到底想干什么，结果发现，女儿正专注地盯着地上的一群蚂蚁观察。

这时，一位老人走过来，问作者："她赢了吗？"

作者马上听懂了老人的意思，他是想问，在这场父母与孩子的意志之争中，是不是孩子赢了？

很多父母认为，让孩子予求予取是有害的，不能让孩子"为所欲为"，但是，父母与孩子之间其实根本没有输赢，孩子蹲下看蚂蚁，会给妈妈带来什么坏影响吗？不会。如果妈妈把这件事判为输赢游戏，认为孩子又战胜了自己，内心会更加气恼，甚至强迫孩子离开。这样一来就只有操控，毫无相互理解可言。而如果抛开输赢游戏来看，妈妈跟孩子原本就站在同一边，反正两个人都走累了，坐下来观察一会儿蚂蚁也无妨，结果就是晚回家一会儿而已。

在与孩子沟通互动时，不妨放弃输赢游戏，放弃用专制的方式支配孩子，这样不仅能让孩子获得表明立场的机会，也能防止孩子以后学会用相同的方式对待他人。

不给孩子的不恰当行为找借口

如果我们能猜出孩子的心思当然很好，然而在很多时候，我们往往猜不出问题的源头。比如，你带孩子参加很有趣的活动，孩子却哭得天昏地暗，让你完全摸不着头脑。有些家长可能会为孩子找一些借口，如孩子累了、身体不舒服等，但不管你为他找哪种借口开脱，都不如找出孩子出现问题的真正原因。作者提醒我们，当出现了下面这三个常见的借口，往往就意味着你要重新审视与孩子的沟通问题了。

借口之一是"他就是想引人注意"。无论年纪多大的人，都需要被关注。如果孩子原本已经获得了足够的关注，并且相信那些关注一直都在，他就没必要再用夸张的方式来吸引你的关注。

但如果孩子确实是为了获得关注捣蛋的，你可以引导他说出来他是需要被关注的。比如，作者说她的女儿曾经跟她要苹果，可是她根本就不想吃，而是想看妈妈因为她要吃水果而开心的样子。当她发现女儿根本没有吃掉苹果后，就请女儿直接表达自己的意愿，而不要再浪费苹果。

当孩子愿意向你表达他的想法和意愿时，你们之间就达成了默契，孩子也会减少再用不恰当的方式获得你的关注。

借口之二是"他就是故意惹我生气"。有的父母觉得孩子的一些任性行为很讨厌，甚至认为孩子就是故意这样做，目的是让父母生气。实际上，孩子可能并不知道自己的行为会让父母生气，也不知道他的行为会造成什么后果。这时，最佳方法就是教孩子学会用语言来描述自己的感受及想要什么，让孩子学会正确的表达技巧。

借口之三是"他就是有问题"。很多父母都会觉得自己的孩子有一些问题，比如内向、社交能力差、阅读习惯不好等。其实，孩子的这些表现可能只是因为性格比较慢热。如果武断地给孩子"贴标签"，认为孩子就是有问题，拒绝理解孩子行为背后的原因，反而容易令孩子的表现更加糟糕。

当然，如果你实在无法应付孩子的行为，也要尽快寻求专业人员的帮助。孩子的不良习惯持续得越久，未来就要花费越多的时间和精力重新与孩子建立有效沟通。

在孩子的成长过程中，难免会出现各种各样的问题，但孩子并不意味着一堆有待处理的麻烦，养育孩子也不是一个需要精益求精的项目。育儿是一个构建关系的过程，孩子是需要被理解和感受的个体。父母不但要仔细观察自己与孩子的关系，还要关注与自我的关系，与家庭成员的关系、与过去的关系、与周围世界的关系，等等。只有理清了这些关系，打破恶性循环，及时补救与修复裂痕后，才能避免把自己从前受到的伤害复制到孩子身上，学会处理自己与孩子的感受，从而让亲子关系更美好、更牢固，让孩子在和谐、愉悦、温暖的关系中成长起来。

第二章

尊重儿童
成长规律

孩子的一举一动、一言一行，无时无刻不在牵动着父母的神经。可是，孩子的心里到底在想些什么，孩子的种种行为都意味着什么，很多父母却不知道。

科学的育儿是在正确的时间做正确的事情。孩子的成长发展自有其规律，如果用科学的眼光看待，许多问题就会迎刃而解。本章将带你读懂孩子，了解孩子的成长规律、掌握科学的育儿方法。

第 1 节　捕捉儿童关键期

李跃儿解读《关键期关键帮助》

如果我们把孩子比喻成一颗种子，这颗种子在发芽、成长的过程中，一定需要各种帮助。在帮助这颗种子时，我们必须懂得它与其他种子有什么不同，它什么时间需要水、什么时间需要肥料、每次都需要多少。我们并非天生就知道这些，必须通过学习才能了解这颗种子的特点，了解自然赋予这颗种子的规律。

孩子的成长也是这样，父母需要了解他的成长规律、成长特点，在他成长的关键时期给予关键性的帮助，并且鼓励孩子自主探索，让孩子依靠关键期的本能成长。

在《关键期关键帮助》这本书中，我对 0~7 岁孩子不同成长阶段的心理特征进行了解读，希望能帮助大家了解孩子的成长规律，不再把孩子的正常行为当成问题，不再忽视应该给孩子提供帮助的机会，避免凭借自己的想象，或沿袭一些错误的教养方式，错过孩子成长的关键时期，对孩子的成长造成不良影响。

什么是关键期

任何事物都有其独特的发展规律，人类也是如此。我一直认为，人类就像一种具有两个胚胎的动物。第一个胚胎是指在精子与卵子相碰的那一瞬间形成的受精卵，这将发展为人的物质身体。然而当婴儿出生，离开母亲身体的时候，他其实还没有成为一个真正的人，他的物质身体里还蕴藏着一个精神的进化过程，也就是第二个"胚胎"——精神胚胎。

人类的精神胚胎是在母亲的体外形成的，也就是出生后。精神胚胎的形成期指的是从无到有的阶段。我们的立场、观点、感受、思维模式、行为模式，我们作为人的各个方面的功能，几乎都是在生命最初的六年分阶段发展而成的，换句话说，人类的精神要经历六年才能诞生。

在某个时间内，儿童受内在生命力的驱使，会专心地吸收环境中某个事物的特质，并不断重复实践的过程，最终使其内化为自己的某种特殊的能力或特性。我们把这种发展某个特殊能力的时期，称为儿童的某个关键期。

儿童关键期有许多细致的划分，在这里，我们暂且分为七个阶段来讨论。

1. 安全感建立期（0~1 岁）

婴儿出生后的第一件事，就是把生活环境中所有的因素固定成一个模式，使之满足自己安全感的需要，这就是安全感建构关键期的特征。

2. 大脑模式发展期（0~2 岁）

在这个关键期内，孩子先后需要经历三个敏感期，分别为口的敏感期、手的敏感期和腿的敏感期。

3. 探索兴趣发展期（1~2 岁）

如果孩子的安全感建构得比较好，身体发育得也比较协调，到一岁之后，他们便开始探索物品的质地、形状及彼此之间的关系等，比如，哪些东西可以摞在一起，哪些可以装在容器里面，哪些可以排成一排，等等。

4. 功能探索期（2~3 岁）

两岁后，孩子便开始进入探索事物的功能及事物与人之间的关系的关键期。也就是说，这时他们开始探索周围事物都是什么，它们都有哪些功能，能起到什么作用，以及与自己有什么样的关系，继而又开始探索自己与他人之间的关系。

5. 人际探索期（3~4 岁）

在这个阶段，大部分孩子开始进入幼儿园。在这期间他们也开始探索人与人之间的关系，会积极地寻找友谊，探索自己与他人的边界，建立和发展自己的社会能力，第一次拥有了自己的"小社会"。

6. 心智探索期（4~5 岁）

在这个阶段，孩子对他人的探索已经离开了物质层面，进入精神层面。同时，这些深层次的探索将孩子的个人理解与他的精神内涵连接在一起。

7. 精神文化探索期（5~7 岁）

在这个成长阶段，孩子开始对各种精神文化产物产生兴趣，逐渐去思考那些文字、图画、音乐等具有哪些含义，并进入小学入学的准备阶段。

如果父母能够理解孩子成长过程中的这些关键期，以及孩子在不同关键期的成长特征和表现，也就懂得了孩子为什么会出现那些在大人看来很"奇怪"的行为。孩子的行为背后都有一套属于他们自己的成长和发育规律，尊重这些规律，才能真正帮助孩子顺利度过这些关键期，让孩子在正确的时间里做正确的事，成为更好的自己。

安全感建立期（0~1 岁）

在婴儿尚未出生、还在母亲的子宫里时，伸展手脚就能触碰到光滑的子宫壁，能够感受到妈妈的心跳，听到妈妈说话的声音，这一切都会让他感到无比安心。所以婴儿在出生后，哪怕身处一个完全陌生的环境，也很容易通过声音等信息找到自己的妈妈，向妈妈寻求庇护。而当他睁开眼睛，能够看到自己所处的世界时，他又会将周围的一切铭刻在大脑中，反射性地把身边事物的样子、位置，以及它们形成的氛围铭刻在大脑中，并将这些完整的图像当成安全的标志。当婴儿确定自己周围的环境不再危险后，他便开始探索周围环境中的事物，我们把这种最初的探索称为儿童的工作。

简而言之，任何一个婴儿来到这个世界、看到这个世界后，能做的第一件事就是把生活环境中所有的因素固定下来成为一个模式，使之成为自己安全的需要，这就是孩子安全感建构关键期的特征。当孩子不再对周围的环境感到恐惧，确定自己肯定能活下去之后，他才开始发展自己。所以，早期安全感的建立对一个人的一生来说非常重要，父母要在这一阶段给予孩子关键的帮助，帮他建立充足的安全感，让他运用自己所具有的本能，去探索和发现周围的世界。

如何帮助孩子建立充足的安全感呢？

婴儿刚出生时，还没对妈妈和这个世界建立起最初的信任，这时妈妈不能为了锻炼孩子故意打破有秩序的环境。在婴儿出生后的6~8周，他会以妈妈的身体为固定参照点，慢慢观察自己所处的新世界。所以，婴儿需要在妈妈怀抱中至少待6~8周，这个时期也是婴儿从子宫到无限空间的过渡。

当婴儿再大一些时，就会用他们的方式表达自己，这时父母要学会读懂婴儿的"语言"。比如，妈妈穿了一件爸爸的衣服，婴儿看了后大哭；婴儿的一个玩具被挪到其他位置，他也会大哭。如果父母不理解，可能怎么哄都无效，因为他大哭的根本原因是他内心的秩序感被破坏了。

蒙台梭利认为，孩子出现的第一个敏感现象就是秩序敏感，它一般从孩子出生后的三至四个月出现，一般持续到两岁左右。孩子喜欢秩序，是因为急切需要一个精确的有所规定的环境，并且将环境中的各种物体当成一个彼此相关的整体，就像在妈妈的子宫内一样。只有这样，他才会感到安全，并有秩序地开始对环境中的某一个物体进行探索。

大脑模式发展期（0~2岁）

在儿童一岁之前，我们几乎很少看到他醒着时肢体不动，用大脑"思考问题"，相反，他的肢体会不停地动。瑞士儿童心理学家皮亚杰把儿童的这一阶段称为感知运动阶段。也就是说，在这个阶段，儿童是用肢体运动和感知的方式了解世界的。

孩子之所以会用肢体"思考"，是因为他们的大脑还没有发育到能够进行思考的程度，一直到15岁，孩子的大脑才完全发育成熟。所以大自然在设计人类两岁以前的认知活动时，选择让人类更多地使用感觉器官，在感觉器官探索事物的同时，大脑也开始获得有关世界的信息并展开工作，最终人类发展出比较高级的大脑工作能力。

在这一时期，儿童的大脑模式发展分为三个阶段，分别是"见到什么啃什么"的口的敏感期、"见到什么抓什么"的手的敏感期和"哪里不平往哪走"的腿的敏感期。

保护孩子口的敏感期

人类最早使用的感觉器官就是嘴巴，大自然为了让人类出生后能活下去，赋予了人类一出生就会吸吮和抓握的能力，所以婴儿一出生就会吸吮妈妈的乳头，获取奶水，填饱肚子。除此之外，他还会把自己的手塞入嘴里吸吮，这为他带来了愉悦感和满足感，吃手还能为他下一步用手抓握物体送入嘴巴做好准备。

所以，到三个月左右，婴儿的手能抓握东西时，他要做的第一件事就是抓住物品往自己的嘴里送，这是口的敏感期最明显的时候，一般会持续到他九个月左右。这也是婴儿的手和口第一次相互配合，而婴儿也在这个过程中慢慢感受到，嘴里的那个东西是自己的手，手则感知到那个吸吮的就是自己的嘴，这在心理学上叫作"跨通道认知"，对婴儿的大脑发育十分重要。

但是，有些父母一看到孩子吃手，或者抓着东西往嘴里送，就以为孩子是饿了，于是马上让孩子吃奶，这对婴儿的发展是不利的。因为他可能并没有产生需求的感觉，没有自己努力争取的过程，就被莫名其妙地塞入了奶头，这剥夺了他运用自己的能力和认识自己的能力的机会，以及认识他人与自己的需求关系的机会。还有的父母会觉得孩子吃手或抓住东西往嘴里塞不卫生，强行把孩子的手从嘴里拉出来，这同样不利于孩子大脑的发育。

正确的做法是：保护孩子的口的敏感期，允许孩子吸吮自己的小手，并且在孩子自己无法把手塞入嘴里时帮他一下，让他感知到他吸吮的就是自己的手。同样，也要允许和帮助孩子用手抓握物品塞入嘴里，但不要给他太多的物品，一般最多给三个不同质地、形状的物品，你只要把他的小手和用嘴啃的东西清洗干净就行了，不要因为怕不卫生而强行把孩子的手从嘴里拿开，或者将孩子正在啃的东西强行拿走，这会使孩子丢失第一个阶段的大脑工作机会和第一个阶段的发展。

为孩子提供满足手的敏感期的材料

婴儿到六个月时，口的敏感期会达到高潮，到九个月时，便会过渡到手的敏感期。

手的敏感期最关键的特征，就是孩子见什么抓什么，不论是吃的、用的、玩的，只要他的手能够到，就一定会去抓握、触摸，这其实是孩子在急切地用手感受事物。并且你会发现，他尤其喜欢抓握那些湿漉漉、黏糊糊的东西，如水、泥巴、打破的生鸡蛋、果泥等，因为这些东西在没有被破坏前是一种形状，而孩子抓握之后，又变成了另一种形状，这会让孩子感觉无比新奇和有趣，所以他会乐此不疲。

我在书中举了一个叫么么的孩子的例子，么么是我们跟踪观察的孩子。有一次，我去看么么，给她提供的工作材料是一个生鸡蛋，当我把这个完整的鸡蛋给她时，她并不怎么感兴趣，但当我把鸡蛋磕入盘子中，让鸡蛋从一种形态变成另一种形态时，么么便兴趣大增，开始不断用手拍打盘子中的蛋液。最后，我又在蛋液中加了一点小米，她在拍打时发现了米粒，又开始兴致盎然地玩了起来。

由此可见，在手的敏感期到来时，父母对孩子最好的帮助，就是为他提供各种各样的物品，让他抓握、触摸、探索。这些物品不需要有固定的形状，但有无限变化可能性的材料，无疑是最合适的，如面粉、泥巴、木头、布等。

允许孩子尽情发展腿的敏感期

腿的敏感期一般出现在孩子一岁左右，这时他学会了自己爬行、走路，对外界的兴趣更加强烈。但你会发现，孩子走路时，越是发现哪里不平、又脏又乱，他就越要走哪里，并且还喜欢在一些高高低低的台阶上重复地上来、下去。这对于尚不能掌握走路平衡的孩子来说，无疑是非常有挑战性的，由此也造成了大人与孩子之间的冲突。大人实在不理解，连路都走不稳的孩子，为什么非要走那些不平的路？

其实，腿的敏感期与手的敏感期一样，都是孩子利用他们的肢体探索外部世界的时期。他要到什么地方去，走什么样的地形能让自己的腿获得感知，只有他自己知道。到了这个时期，孩子也算是第一次获得了独立。而父母要做的，就是在懂得孩子的基础上，帮助孩子做好选择和保护措施，而不是直接把他抱起来，不让他走，更不要在孩子强烈要求走路的时候硬把他塞进婴儿车，或因为他的哭闹而打他的屁股。

这个时期有个问题要注意，就是不要给孩子买那种一走路便发出尖利响声的鞋子，这会打乱孩子对腿的感受和周围事物的观察，让孩子心烦意乱，甚至要求大人抱，而不愿意再去探索来自腿的感受了。

总之，对于0~2岁的孩子来说，他们最需要的就是获得父母实实在在的爱，但这个爱也要恰到好处，既要给予孩子充足的安全感，也要满足孩子的身心发育需求，保护孩子对外界探索的欲望和需求。如果一个孩子能按照自己的内在规律成长，他的内心一定是健康的，也会经常非常投入地做一件事，不停地探索周围的环境。而父母要做的，就是尽量不去干涉、妨碍他的发展，允许他遵循自然成长的规律，尽情地发展自我。

探索兴趣发展期（1~2 岁）

在孩子 0~2 岁这个阶段，你会发现，他对身边事物的兴趣比对人的兴趣更强烈。尤其是一岁后，孩子有了自主行动能力，对事物探索的欲望会越来越强烈。在两岁前，孩子大都先探索对物质表面的感觉，将物体翻来倒去地触摸、观察，并且会用手感受物体的各种特质，如尖的、圆的、有棱角的、有弧度的等；或者故意将物体碰撞，发出响声。到一岁半后，他们又会探索物体之间的关系，如哪些能摞在一起，哪些能装在容器里面，哪些可以排成排。

在探索这些物质特性时，孩子仿佛全身每个细胞都处于感知和思考状态，所有感觉器官都为他的大脑收集有关事物的信息，这也促使他们的感觉器官被高度统合起来，大脑开始非常恰当地工作，肢体与大脑产生了越来越和谐的配合。大脑的工作能力不断增强，就会创造出适合个体的思维方式，这为他日后几十年纯大脑工作和学习文化知识打下了良好基础。

我们幼儿园曾接收过一个一岁零九个月的男孩，当时他几乎不会说话，而且由于在家时长期被人抱着，他的腿也没有力量，经常走几步路就一屁股坐在地上。老师对他进行了大脑工作刺激，他很快便开始积极地配合，短短几个月的时间，就将口、手、腿的敏感期都过完了。

有一天，班里的小朋友们要从屋里到户外活动，结果纷纷发现自己的鞋子找不到了。这时，这个男孩慢悠悠地从教室走出来，捡起地上剩下的几只鞋，跑到门口的垃圾桶旁，掀起垃圾桶的盖子，把手里的鞋子丢了进去。老师跑过去一看，原来小朋友们的鞋子都被这个男孩一趟一趟地拿到了这里，丢进了垃圾桶。这个行为可能在外人看来会哭笑不得，但老师看到后却兴奋极了，因为这表明他已经开始探索物体与外部空间的关系了。

面对孩子这个时期的特性，父母也要为他提供必要的帮助，在保证安全的前提下，尽可能地支持孩子的探索。天生气质类型不同的孩子，爱好也不同，在环境中也会发现和探索不同的材料，这时父母应该跟随孩子的爱好，根据孩子的需求来帮助孩子。

为孩子提供适合的环境和材料

有的孩子经常玩垃圾桶，父母觉得不卫生，就想买个玩具垃圾桶给孩子玩。其实这时我们应该观察一下：孩子到底是想玩垃圾桶，还是想探索垃圾桶里的垃圾呢？大部分孩子想探索的都是垃圾桶里的垃圾，所以给孩子买个玩具垃圾桶完全没有意义。如果你担心孩子探索垃圾太不卫生，可以想一些办法，比如不要向里面丢厨余垃圾、剩菜剩饭等。这样一来，孩子如果非要探索垃圾桶，就让他去探索好了。

这个时期的关键帮助是利用教机，教机来自孩子当下发生的可被教育利用的行为。我们要利用当下的条件和孩子的行为对孩子进行帮助，通过孩子的行为和孩子对物品的利用情况，搞清楚孩子在探索什么，知道了孩子想要探索的内容后，也就知道要怎么帮助他了。

给孩子设定自由的范围

当然，我们要确保孩子不会接触到危险物品，不要影响他人和公共秩序。如果孩子非要探索一些可能带来危险的事物，或者可能会破坏公共秩序，我们要及时制止。但是，制止不是给孩子讲道理，更不是恐吓孩子，否则可能会让孩子以后对什么事都谨小慎微，变得胆小懦弱。关于如何制止孩子，我有以下两点建议。

第一，用行动引导孩子。比如，当孩子把书架上的书全都丢在了地上，如果父母对他说："你看，房间刚才那么整齐，现在被你弄得乱七八糟！妈妈每天已经很累了，你还不听话！"一个两岁左右的孩子能听懂这些道理吗？显然不能。父母不如拿起一本书做示范，告诉孩子："我们一起来归位，把书放回它的家。"并且递给孩子一本书，拍拍书架，对孩子说："宝宝请把书放回家吧！"多余的就不用再说了。用这种行动展示的方式引导孩子，就是在为孩子建构原则，让孩子养成把物品归位的习惯。

第二，把家中危险的物品收起来。孩子看不到那些危险物品，自然就不会去摸，这要比恐吓和斥责强一万倍。经常遭到恐吓和斥责，孩子就会认为自己做错了事，是个不被爸爸妈妈喜欢的人，从而变得畏缩、自卑。

帮助孩子发展语言系统

在 0~2 岁期间，孩子除了探索物质，还暴露在语言环境中，而孩子的语言就是在这种与情感相融的生活情景中学到的。

孩子出生以前，在子宫中听到最多的是妈妈的声音和语言，出生后也只对在妈妈腹中听到的语言敏感，我们把这种让孩子敏感的语言称为母语。在孩子两岁以前，母语主要帮助孩子练习表达自己，学习与事物配对，与周围的人沟通，由此建立起使用语言的信心。如果这时父母为孩子提供的语言环境过于复杂，或者要求孩子学习第二种语言，可能会给孩子的语言发展带来困惑，让他不知道该用哪个语言系统表达自己，并且对语言表达失去信心。

所以，在这个时期，父母最好为孩子提供单一、稳定的语言环境，平时尽量只说一种语言，不要既说普通话，又说方言，又说外语，给孩子造成压力。即使有时孩子面对一些问题表述不清，但只要你有耐心，不给孩子太大压力，孩子很快就会使用环境中的语言。

功能探索期（2~3 岁）

孩子到了两岁，研究目标逐渐从探索物质的表面转向探索事与物的关系、自己与事物的关系，以及自己与他人的关系等。这时，他们会探索怎样用自己的物品与其他物品建立连接，哪个小的能装入大的里面，什么东西能从什么东西里倒出来，大盖子是不是要盖在大瓶子上。换句话说，他们会更多地为发现事物的功能而兴奋。

由于对现实世界还缺乏足够的了解，大自然又安排孩子去关注这些法则，所以这时孩子还会进入一个很难受的时期，面对很多事情都找不到解决办法，经常感到很挫败，只能用生气、哭闹的方式来发泄情绪。而父母也会因为孩子的各种执拗表现而焦头烂额，甚至还给这个时期孩子的表现取了个名字——可怕的两岁。

蒙台梭利把孩子的这种表现称为执拗敏感期，这种状态通常会持续到三岁半。而且在这个阶段，孩子还会刻板地恪守自己喜欢的一些物品的形状，如果这个形状无意间被破坏，孩子就会大哭大闹，无法接受。经过很多次碰壁之后，孩子才会逐渐懂得事物之间的关系，以及自己与事物之间的关系，知道哪些自己能改变，哪些自己改变不了。

包容孩子的执拗

我们来看这个例子：一个孩子坐电梯，在这之前，都是父母抱着他乘坐，让他为大家按电梯按钮。但这一天，他发现了问题：只有他是被父母抱着，斜着身体，伸出手去按电梯按钮，而别人都是自己站在电梯里，直立着身体，伸手按按钮。于是，他就想像别人一样，自己站在电梯里，直立着身体，伸手去按按钮。

但是，当他想挣脱父母的怀抱时，首先遭到了父母的激烈反对。在他的坚持下，父母终于把他放在了地上，可他伸手时，却发现自己怎么都够不到按钮。于是，他大发脾气，哭得上气不接下气，而爸爸妈妈还在不停地说他："都跟你说了，你够不到，你非要自己够，还哭！"

这种场景想必很多父母都不陌生，孩子因为不理解自己与电梯按钮高度之间的关系，更不理解自己的愿望与实际条件的关系，所以无法判断整个事件的问题出在哪里，只知道自己要实现的愿望。

面对处于执拗期的孩子，很多家长要么粗暴地制止，要么给孩子讲一堆道理，其实这些都不能真正帮到孩子。这时，父母可以为孩子提供一些积极的建议，尽管他可能听不进去，但会意识到自己需要想更多的办法来解决问题。如果孩子实在不接受父母的建议，那就耐心地倾听孩子，平静地等待孩子发完脾气，然后告诉他，爸爸妈妈对这件事也没办法。这样很多次以后，孩子慢慢就会发现人是没办法违背自然法则的，那时他们就会利用智慧去想其他方法解决这些问题了。

支持孩子的想象力

两岁以后，孩子开始运用大脑中积存下来的对事物的印象来做事，当这些事物不在脑中时，他就会模仿成人的言行去面对他熟悉的物品。比如孩子自己玩耍时，会用妈妈照顾他的方法来照顾他的布娃娃，也会用家人对待彼此的方式来对待他的玩具。

越靠近三岁，孩子就越会把这种自己已经熟识的印象行为加以改造。在改造行为未完成的时期，叫作想象，所以孩子的想象力一定是建立在实际生活经验的基础之上的。面对这种情况，我们不要粗暴地干涉，或者打断孩子的行为，而要为他们提供利于探索的环境和材料，在提供环境和材料时需要注意：

第一，为孩子提供能无限创造自己的儿童群体，只要有同龄的伙伴，孩子就会在这样由彼此形成的环境中不停创造自己并互相学习。

第二，为孩子选择合适的亲子班，这种亲子班最好是有家庭感的，与家里环境相似，但配备了可供孩子探索的材料。在这里，父母可以和孩子一起工作，一起自由活动，引领孩子开发工作材料，了解正确帮助孩子的方法。

第三，为孩子提供丰富的工作材料，比如泥土、积木、烹饪材料等。

第四，把握好进入孩子工作和恰当地撤出的时机，这样既不会干涉孩子的工作，又不会让孩子因为长期无法进入工作而变得焦虑。

人际探索期（3~4岁）

经过近三年智力飞跃带来的困难期后，三岁后的孩子开始慢慢变得平静。他们仍然会对各种物体进行探索，有时单独工作，有时会主动参与一些群体工作，在这个过程中，他们不但探索自己与物质的关系，还开始探索自己与他人的关系，尤其开始注重建立友谊，这时孩子便进入了人际探索的关键期。

帮助孩子进入群体

孩子三岁后会开始注意，当某个人跟自己关系好，两个人之间就会有一种情感的联结，这种感觉让孩子非常着迷。所以，这个时期的孩子非常在意谁跟自己玩，谁是自己的朋友，并由此产生很多快乐和烦恼。这些也为孩子带来对友谊的热爱和追求，为日后练习进入群体、获得社会能力打下了良好的心理基础。

我在书中讲了我们幼儿园里一个叫乐乐的孩子的故事。乐乐三岁多时，突然要求和大组孩子一起学习，老师觉得他年纪小，大组孩子已经准备学习学前班的内容了，他会跟不上。但他哭闹着一定要跟大组孩子在一起。后来我们了解到，原来大组有一对小伙伴经常一起玩，关系特别亲密，乐乐很羡慕他们，经常追着他们两个一起玩。一开始，这对小伙伴根本没注意到乐乐，但乐乐毫不气馁，想方设法加入他们的游戏中。有一次，这对小伙伴其中的一个生病请假了，乐乐抓住机会，很快就跟另一个小朋友玩在了一起。

这让我们看到，孩子为了获得友谊，会非常智慧地为满足别人的愿望而不断调整自己。当孩子通过努力获得友谊后，他们也会非常珍惜。

当然，在这个关键期，有的孩子可能会在人际探索和社交中遇到困难，成为被群体忽视的人，这时就需要父母提供一些关键性的帮助。我有以下六点建议。

第一，为孩子提供一个多因素环境，这些因素之间要有自然的逻辑联系。比如，为孩子提供了砖，就要同时为他提供土、水、泥和铲子，并为他演示怎样使用这些工具。

第二，为孩子提供的群体性环境中各种年龄、各种性格、各种体魄的孩子都应该有，不要因为怕孩子被欺负，只找年龄、性格、体魄都跟孩子差不多的，这会对孩子的发展形成障碍。

第三，如果孩子在交往中因不满而发脾气，父母最好不要被孩子的情绪影响，和孩子一起发脾气，可以等孩子发完脾气后，再去跟孩子讨论让他不满的事情，寻找解决办法。

第四，当孩子跟父母抱怨别人不跟他玩，或者别人打他时，父母应先弄清真相，而不是当着孩子的面直接批评对方。如果真有这种事，就想办法把这个"敌人"请到孩子身边，让他成为孩子的朋友。

第五，如果孩子被朋友抛弃了，他很难过，父母只需要对他表示同情就行了。经历痛苦之后，孩子也会想办法获得新朋友。任何友谊和社交关系都是在这种痛苦中成长起来的。

第六，遇到群体持续欺负孩子的情况，父母一定要干预。

帮助孩子发展情感生活

许多孩子因为从小没有兄弟姐妹，与同龄孩子相处的经验不够，所以在刚进入群体的时候，无法处理复杂的情感。到了三岁，当孩子发展出友谊之后，就会出现悲喜等复杂情感，孩子也第一次尝到丢失友谊的伤心和失落，这时孩子会通过做噩梦、尿床、吃手指头、触摸身体等退化现象来缓解自己的痛苦，当家长发现孩子有这些表现时，不要担心，因为当痛苦达到一定程度后，孩子会自发地去摆脱，经过一段时间的艰苦奋战，孩子会收获比以前更大的喜悦。

随着多次丢失友谊和获得友谊，孩子会逐渐变得自信，也不会再为丢失友谊感到痛苦。即使再一次丢失了友谊，他也会很快恢复。

心智探索期（4~5 岁）

经过四年的心智建构，到了四岁时，孩子便有了较为丰富的与人交往的常识和经验，在与他人互动时，也能发现别人的想法、意图、目的等。这时，孩子对他人的探索已经离开了物质层面，进入精神层面。他开始发现别人心里想的东西跟自己想的不一样，自己知道的东西别人不知道，或者别人知道的东西自己不知道。这会让孩子特别感兴趣，于是会试着告诉别人一些并不存在的事情，试验别人是否知道这件事并没有真的发生。在父母看来，孩子的这种行为就是"撒谎"。同时，孩子还会试着在别人看不见的时候，把一些不属于自己的东西拿走，看看别人能不能发现。当孩子发现，别人只要没看到就不知道时，他会觉得更加新奇，于是还会继续拿别人的东西。父母又把这种行为定性为"偷"。

在父母看来，这些行为都是很可怕的，如果不及时制止，就会让孩子养成撒谎、偷窃等坏毛病。其实，如果我们先让孩子知道自己的心智与别人的心智之间的关系，再去解决孩子的这个问题，会更加合适。

辨别孩子的谎言

如果孩子出现了撒谎的行为，首先要搞清楚孩子出于什么原因撒谎，孩子撒谎一般有三种情况：

1.孩子只是分不清想象与现实。父母在给孩子叙述一件真实的事时会多次重复，这种情况下，孩子很容易顺着成人的思路，把听到的当成自己看到的，把想象的事情说成真实的。

2. 孩子在故意捉弄别人。在孩子认为自己和某人的关系好到一定程度时，会经常用捉弄对方的方式来检验友谊、表达情感，但由于孩子对他人的需求和承受力没有太多了解，把握不好释放善意的程度，所以容易给对方造成伤害，这时父母需要告诉孩子他的行为给别人带来了怎样的感受，有时直接用语言制止孩子即可。

3. 孩子是为了保护自己而撒谎。如果孩子所处的成长环境过于恶劣，就会促使他撒谎，这时父母首先应该反省自己的行为。

尊重孩子的夸张表达

儿童四岁半就开始拥有自己的感情、感受和表达，并会以一种夸张的方式呈现出来，这时，父母如果一味追求沟通效率，强行矫正孩子的表达方式，容易激发与孩子的冲突。

其实，只要父母以平等、尊重的心态交流，四岁的孩子还是很容易接受父母的建议的。只不过很多时候，父母会忽略孩子需要探索和领悟自己的策略与实际行动之间的关系，而当他们搞清这个关系后，自然会进入成长的正轨。

接纳孩子起伏的情绪

迈过四岁这个门槛，孩子的情绪变化就不会像三岁半时那样无常，频率也会变低。在这个阶段，孩子的不良情绪大多来自在群体中试验自己的力量，或者在群体中的争斗。在当下群体中，孩子可能会为了群体而改变或放弃自己的想法，并控制自己的情绪，但回到家里，他们就会向家长发泄负面情绪。这时，父母一定要用开放的心态对待孩子，不要跟着孩子一起产生情绪，要明白孩子只需要你的倾听，第二天他又会高高兴兴地去幼儿园，继续"奋战"。

精神文化探索期（5~7岁）

孩子到了五岁，就会深入地使用物质来达到自己的精神目的。在这个过程中，他们开始探索人内在的想法、感受等是如何表达出来的，并且注意到，人是可以用纸和笔来表达的，这让他们感到十分新奇。所以，到这个时期，就算你不要求孩子学习文化知识，他也会很自然地对学习产生兴趣，喜欢认字、写字、画画等。

对于五岁的孩子来说，他们即将进入人类文化的学习系统，在他们自发地研究人类文化的这个关键时期，我们又该为他们提供哪些关键性的帮助呢？

帮孩子做好充分的入学前的准备

五岁以后，父母就要考虑孩子上小学的问题了。入学前，孩子要完成很多事情，包括身体发育达到正常水平，有一定的社会适应能力、认知水平和技能。对孩子来说，他将进入一个全新的领域，各方面发展都会上一个新的台阶。

很多父母会积极地为孩子做各种入学前的准备，比如送孩子上幼小衔接班，提前把小学的学习内容教给孩子等，觉得这样孩子入学后就能领先一步，以后学习起来更轻松。但是这样的方法不一定有效，如果孩子的发育水平尚未达到掌握一年级知识的能力水平，即使提前学习，也只能靠记忆完成。孩子能不能建构自己的学习方式，并不是看他背会多少知识，而是看他的学习方法、学习能力和学习热情。

关于入学前的准备，我有以下五点建议。

第一，发育水平不适合上学的孩子先不上，当孩子还存在比较明显的发育问题时，不要急于入学。

第二，从小培养孩子良好的思维模式，而不是直接给孩子灌输知识。父母可以多为孩子提供帮助他们思考和活动的工具，不要事无巨细地教孩子做事，要让孩子自行探索。探索完成了，思维也就发展了。

第三，要让孩子继续保持探索的热情。很多孩子会在五岁左右就开始学拼音、学写字、上各种文化课，还要写很多作业。一般几个月下来，孩子就开始讨厌上课了。老师为了激励孩子，又会用发小红花等方式奖励孩子，这样又很容易造成孩子学习兴趣的转移。有些老师还会惩罚没有完成作业的孩子，这也会打击孩子的学习热情。

正确的方法是尊重孩子的自然成长规律，引领他保持对人类文化宝藏的探索热情，逐渐完善与之相关的技术内容。切不可捡了芝麻，丢了西瓜，过分追求认字数量、作业整齐，而让孩子丧失了对学习的热爱和探索的热情。

第四，锻炼孩子熟练驾驭手部肌肉的能力。孩子上学后要写字，这会用到小肌肉群，如果不练习手部肌肉，直接让孩子写字，他就会感到特别困难，随之产生"字很难写"的认识。

第五，关注孩子的发育年龄与实际年龄是否匹配。孩子的入学年龄一般由出生日期决定，而发育年龄是指孩子的心理和生理的成熟度，也就是认知水平、社会能力以及语言等方面的发展水平。如果孩子的发育年龄没有达到与实际年龄相匹配的程度，就要考虑让孩子推迟入学，否则可能导致孩子产生心理问题。

帮孩子建构遵守法则的良好人格状态

到了五岁，孩子明显开始组织群体，并有意识地维持群体关系。孩子的群体依靠友谊和情感维系。这种群体已经比较接近成人的社会生存群体了，它能够使孩子们因同一个游戏目的和爱好达成共识，群体成员也习惯放弃自己的目标和爱好，去适应已达成共识的目标和爱好，这就使得目标和爱好可以涵盖更多的孩子。

假如孩子五岁前的生活环境是身心自由、开放、受尊重的，那么五岁后，孩子们就会有一个非常温馨、和谐、平等的团队。孩子们会非常温和自然地凑在一起，由一个孩子发起一项工作，其他孩子在这项工作的意图上，按照自己的理解去添加自己的内容。并且在游戏中，每个孩子都能提出自己的想法，说服别人去实现这个想法。

只要进入这样的群体中，孩子都能获得良好的社会能力。即使是没有群体的孩子，只要有朋友，也能获得较好的社会能力。而父母要为孩子提供的帮助，就是当孩子在探索人与人、人与物、物与物之间的关系时，将人群法则教给他，为他建构遵守法则的良好人格状态，而不是去干预他在成长中遇到的自然冲突，或者替代他经历或消除冲突，阻碍孩子的成长。

父母要教导孩子：

首先，尊重他人的身体。

其次，没有经过他人同意，不能动他人的东西，对于公用物品，谁先拿到谁先使用，后来者需要等待。

再次，不可以占有已经属于他人的地盘。

最后，不可以破坏他人的工作。

这些就是孩子在 0~7 岁阶段所具有的几个主要关键期和父母应该给予的关键性帮助。我相信，如果你尊重孩子的成长规律，掌握了孩子在七岁之前的教育方式和教育观点，也就掌握了养育孩子一生的教育方法。因为懂得七岁以前的孩子，也就懂得了人，懂得了人与生存的关系。家长愿意尊重孩子、读懂孩子，就是对孩子最大的爱。有了这份爱，又有了对人的基本成长规律的了解，在面对孩子时，你就能自己解答疑难，并且为孩子创造出无限的可能性，帮助孩子在成长的关键期获得良好的发展，迈向更好的未来。

第 2 节　语言与大脑发育

樊登解读《父母的语言》

不知大家是否听过这样一个讨论：为何麻醉被发明后，很快得到了普及和应用，但消毒却在付出了惨重的代价后，才慢慢被医学界意识到？

19 世纪，一位医生在工作中发现，产妇死亡率高的原因是许多医生在做手术前不洗手，并不觉得洗手是一个很重要的事情。他提倡医生在做手术前洗手后却被送进了精神病院。

为什么大家对于麻醉很重视，对消毒却很不在意呢？

可以推测，原因就是麻醉所要解决的问题更清晰可见。医生每天都能看到很多病人痛苦不堪，所以会想办法解决这个问题。但是消毒很容易被忽略，许多病人死于细菌感染，但死因很难被直观地观察到，所以这些不可见的东西会被人们忽略，就会形成思想的停滞。

为什么讲这个案例呢？因为很多父母都是在孩子上了小学、中学甚至大学以后，才会发现自己的孩子和别的孩子的差距。其实，为什么差距会那么大呢？原因就藏在孩子的能力还没有完全显现的时候，也就是在孩子三岁之前。蹒跚学步的时候，每个孩子都活泼可爱，孩子与孩子之间看起来没有什么差距，但实际上差距在这个时候就已经开始逐渐出现。

一种重要的资源：父母的语言

本节为大家介绍的是《父母的语言》这本书。本书作者芝加哥大学妇科及儿科教授达娜·萨斯金德博士和一些科学家通过研究发现，在不同的家庭中，孩子在四岁前听到的词汇量的差距达到3000万之多。换句话说，孩子在教养方面出现的差距，也许不在于态度，也不在于物质条件，而在于父母和孩子所说的词汇量。

这3000万是一个非常巨大的差距。想想看，每个国家都很重视资源，比如森林资源、石油资源、煤炭资源、电能、水能等，但实际上，父母的语言也是一种非常重要的资源，而且这种资源是免费的，可以无限量供应，却往往会被父母忽视。

据调查，在儿童的语言中，有相当一部分词汇是和父母一样的。我们常说"孩子是父母的复印件"，当你看到你的孩子怎样说话时，就要反思自己是怎样说话的。如果父母和孩子说话的时候毫不客气，或者偶尔会蹦出一些粗话来，那就别指望孩子变得温文尔雅。而如果父母能够注意自己与孩子说话时的遣词造句，孩子也会相应变得不同。

孩子九个月大以后，这种学习差异就已经存在了，孩子与孩子就已经不同了。大概小学三年级的时候，根据孩子的读写水平甚至能预测出他今后上什么样的大学。小学三年级之后，孩子的读写水平的差距就会随着时间的推移变得越来越大。

扎克八个月的时候，过了他的听觉生日。什么是"听觉生日"呢？这个孩子从来没有听到过声音，那天是他第一次植入了人工耳蜗，出生以来第一次听到了声音。那个时候他所表现出的惊喜，让父母和周围的人都感动得落泪。

到了三四岁的时候，医生观察扎克，发现他说话很流利，跟其他孩子几乎没有差别。他上的是普通的学校，就读于普通的班级，跟其他孩子一起学习，学习起来没有障碍。

另外一个孩子叫米歇尔，她七个月的时候植入了人工耳蜗，获得了听力。但是过了几年，医生追踪调查时发现，米歇尔一直在特殊教育学校上学，在特殊教育学校学语言非常缓慢，她很多词汇都不会说。

给他俩做手术的医生觉得很奇怪：怎么会这样呢？两个孩子的人工耳蜗都没问题，两个人的听力水平没有什么差异，为什么智力发展会有这么大的差别呢？

医生开始思考人工耳蜗植入外的因素。他发现在扎克获得听力后，他的爸爸、妈妈、哥哥、姐姐每天都在不断跟他说话，他每天都会获得大量来自外部的信息。而米歇尔获得听力后，却没有人刻意跟她多讲话。米歇尔之前就是没有听力的，所以她的语言发展比别的孩子慢很多，而其他孩子和老师又慢慢地忽略了她，导致她的语言接受能力变得越来越差。最后，虽然她具备完备的听力，但是只能去上特殊教育学校。

怎么会有如此截然不同的结果呢？

这位医生查阅资料后发现，原来已经有两位科学家——贝蒂·哈特与托德·里斯利，早就做了相关的实验。这是一项关于早期语言环境对儿童智力发育影响的研究，调查样本来自美国的各个阶层，共 42 组家庭。两位科学家给这些家庭装了很多仪器和设备，征得他们的同意后记录父母跟孩子之间的互动。通过研究，他们发现：13 个月到 36 个月的孩子平均每小时听到的语句，脑力劳动者家庭是每小时 487 句话，工人阶级的家庭是每小时 301 句话，接受福利救济的家庭是每小时 178 句话；三岁的孩子累计听到的词汇量，脑力劳动者家庭的孩子是 4500 万，接受福利救济家庭的只有 1300 万，相差整整 3200 万。三岁孩子掌握的词汇量，脑力劳动者家庭的孩子是 1116 个，接受福利救济家庭的孩子是 525 个，相差 591 个，并得出了结论：父母跟孩子所说的词汇数量是最本质的区别。虽然遣词造句也会不一样，但更重要的是词汇数量的差别。

另外，很多父母因为忙于生计，可能没时间跟孩子对话，这是非常糟糕的。另外，把孩子放在家里让他一直看电视，无法代替父母与孩子的对话，因为电视上听到的语言与人与人面对面讲话是完全不一样的。

一切要趁早：神经的可塑性

人类早期发展过程中的语言环境影响大脑中分泌的荷尔蒙。在婴儿时期，孩子的大脑中就已经会分泌压力荷尔蒙，也就是皮质醇。对于成人来说，皮质醇过量可能会导致心血管疾病，会让我们压力过大，甚至会让我们患上抑郁症。

讲一个听起来有点残忍的实验，在实验中，妈妈跟孩子聊天聊得正愉快的时候，妈妈突然之间收起笑容，面无表情地看着孩子。孩子呆住了，开始尝试逗妈妈。孩子做鬼脸想逗妈妈笑，妈妈却无动于衷。所有参与这个实验的孩子都被妈妈没有表情的状态吓哭了。等妈妈再次和颜悦色，孩子要过很久才能够慢慢恢复正常，接受妈妈的回归。

妈妈和孩子之间的互动决定着孩子体内分泌的激素，这个妈妈面无表情的实验会伤害孩子的认知能力、语言能力、行为能力、自我及情感控制能力。

虽然这个实验听起来有点残酷，但是，在很多家庭中，有多少爸爸妈妈天天在拿自己的孩子做这样的实验？又有多少爸爸妈妈经常会跟孩子翻脸，不光是面无表情，有时候还会大喊大叫？孩子在婴儿期的时候，父母很容易产生焦虑的情绪，内心的负担很重，有时候就会控制不了自己的情绪。但你要知道，当你不断把这种压力传递给孩子的时候，孩子的学习能力就开始大幅地下降了。

大脑在发育的时候，它不但在建立神经元连接，也要断掉很多神经元连接。婴儿期孩子的大脑其实处于一种"大爆炸"的状态，因为要面对非常多陌生的信息。而人的大脑经过快速"大爆炸"建立很多连接以后，那些经常不用的连接就会被断掉，慢慢地就不会再长了。因此人到了一定的年龄后，学语言会非常困难。

还有一种儿童疾病，叫作儿童白内障。有的孩子生下来就患有白内障，有的家庭发现得早，早早地就把孩子的白内障治好了，以后孩子的视力就没受到太大影响。但有的家庭发现得晚，等孩子长大后才发现孩子眼睛看不见，赶紧去医院做手术，但这个时候就算把白内障治好了，孩子的眼睛依然看不清。原因是他的视神经长期不用，所以大脑判断它可能没什么用，就把这段连接给断掉了。这也是小时候学习非常重要的原因，因为如果小时候不学习，错过了发展的关键期，长大后想要学习就会变得困难。

与孩子对话：3T 原则

通过上面的内容，我们已经知道，父母的语言在孩子小的时候非常珍贵。那么，父母到底应该如何正确地跟孩子对话呢？

这里提供三个原则，叫作 3T 原则：共情关注（Tune in），充分交流（Talk more）和轮流谈话（Take turns）。

共情关注（Tune in）

什么叫共情关注呢？比如，很多父母会抱怨"我给孩子念绘本，他却不愿意听"。这些父母在给孩子念绘本的时候，总是希望孩子的注意力全部集中在绘本上，所以当发现孩子不认真听，反倒东张西望，突然伸手去摸旁边的那个床单或者跑去玩游戏的时候，就十分恼火。但这样的陪伴并不算共情关注。

什么叫共情关注呢？这时候父母的正确做法是，跟着孩子的注意力走，说"你看到床单啦。这个叫床单，你要摸一下吗？来，摸着床单咱们来听绘本"，当念到一半的时候，孩子突然指着一段话说"这儿"，你就对他说："还是喜欢这个呀！来，妈妈再给你念一遍。"这就是共情关注。你要把他的情绪和感觉讲出来，你要不断地帮他解释他的感觉，这种共情关注的方式能够让孩子快速地学习。

孩子那么小，他怎么可能跟着父母的节奏去吃饭，去大小便，然后去学习呢？读绘本的时候，他怎么能够跟着父母的节奏看呢？
这是不可能的。所以，如果你非得让他跟着你的节奏，就会给他带
来焦虑，带来皮质醇的分泌，最后导致你也生气，他也生气。

很多父母跟我说，他家孩子现在两岁，叛逆得要命。其实这个
时候孩子所需要的，就是父母对他的共情关注。

父母和孩子相处时，是讲故事还是堆积木，要看孩子的感觉。
如果他在听故事时跑去玩积木，你就给他解释积木，"这叫积木，
红色的"，让他拿在手里看看重不重，不断帮他解释这个世界。这
才是正确的方法。

另外，践行共情关注的时候，你可以用儿向语言。过去一些专
家经常说，不要用小孩子的话跟孩子说话，要用大人的说话方式跟
他说话，但《父母的语言》这本书中认为，这样的观念是不对的，
我们还是要用那些很可爱的话，比如"拉臭臭""吃饭饭""喝奶奶"
等和孩子交流，这些话会让我们和孩子的沟通更有效。

为什么这些词对孩子会有效呢？

因为孩子喜欢听叠加词，他们觉得叠加词有韵律感、好听、有
意思，他会更有学习的欲望和动力。具体的做法就是观察、理解、
行动，你要不断地观察孩子的行为，理解他的行为，然后帮助他讲
出来，"你是不是想妈妈？""你希望妈妈抱，对不对？"你要经常
跟孩子共情关注，经常描述他的状态。

充分交流（Talk more）

父母要多和孩子说话，经常跟孩子讲述身边在发生些什么事。

我记得我小时候，妈妈带我去上学，要骑很远的自行车，我妈一路见到什么就跟我讲什么。路边上有一棵树，那里有一只狗，狗来了怎么办，然后我就跟她互动，说如果那只狗过来了，我来保护你。结果狗一来，我先吓哭了。

今天很多父母带孩子，就是直接给孩子扔一部手机，让他自己去玩，根本没有耐心给他解释。孩子在手机里看到的东西，跟他眼前的世界无关，他根本无法把这件事和那件事进行连接，所以他大脑的神经元连接就会受影响。

多与孩子进行平行对话，也就是要不断地给孩子解释所发生过的事，你在做什么事。哪怕孩子坐在一边，你也要说"妈妈现在给你做饭，你看妈妈要给大家做好吃的饭"，这对孩子来说就是学习。因为孩子能够把实际生活跟你的陈述联系在一起，这就是充分交流。

与孩子交流时要注意一点，就是少用代词，比如"他""那个""这个"，因为孩子听不懂代词。比如，孩子画了一幅画给你看："妈妈，这是我画的画。"你说："我喜欢这个。"这是不对的，你应该说："我喜欢你画的这幅画。"少用代词会让孩子学得更多。

同时，要学会脱离语境。什么叫脱离语境呢？比如说我妈没有见到狗的时候，我妈会问我："待会儿要是出来一只狗怎么办？"这就是脱离语境。

父母不仅是孩子生活中的复读机，还可以跟孩子讲很多他可以去想象的东西，然后进行语言的扩展，调动孩子去想哪些可能会发生，但是眼前还没有的东西。

另外，当孩子说"抱抱"的时候，他只会说这么一个词，这时候父母就应该说："你是不是累了？想让爸爸抱一抱吗？"这样的话，就把"抱抱"这样一个词变成了"你想让爸爸抱一抱"这个完整的语句。等你把这样的话说得越来越多的时候，孩子也会慢慢地说出连贯的语句，也会出现很多让你很意外的变化，比如"然而""但是"这样的转折词孩子也渐渐学会了。

轮流谈话（Take turns）

轮流谈话最大的敌人是什么？就是很多父母特别喜欢用封闭式对话，比如跟孩子谈话，说"不要动""老实点""别碰那个东西"。这种话是无法触发轮流谈话的，也就是没有让孩子感受到这里面的因果关系。所以，如果你要制止一个孩子做一件事，最好的方法是用因果关系来讲，比如说："这个炉子很烫。你想想看，如果摸到这个炉子会怎么样？会烫到手，知道吗？"让他把其中的因果关系建立起来。用因果关系来解释为什么生活当中存在很多禁忌，为什么有很多东西不能碰，是对孩子很好的成长训练。

可惜，大量的家庭还是习惯用简单的、命令的方式。命令的方式无法帮助孩子建立更多的连接。命令的词语只会让孩子停止探索，不敢去尝试了解这个世界上的事物。

其实，还有第四个 T，叫作把它关掉（Turn it off）。把什么关掉呢？把电视和手机关掉。

为什么呢？因为虽然电视和手机这样的工具也能够跟孩子说话，但是它完全不符合"3T"原则，它是典型的"不关注""不交流""不轮流"，因为它们没办法关注孩子，也没办法抚慰孩子。

孩子判断一件事是否正确时所用的方法，就是尝试反应。比如，他拿起一个小球扔到你脸上，你哈哈一笑，他就知道这个事做对了；他把你的脸打了一下，你不高兴了，他就知道这样做是不对的。孩子通过你给他的反馈来判断他所做的、所说的到底是对还是错，是否合乎规矩，跟大家相处能不能够融洽，这也是他增长情商、提高技能的过程。

孩子也会通过模仿电视节目里的人物来学习，但是模仿了之后无法得到反馈，孩子不知道对还是错。如果你去调查一些孩子在学校打架的原因，可能就会发现，有的孩子对于别人的感受是无法共情的，他不知道自己如果打了别人，别人会疼。因为他在学习打人这件事的时候，没有得到过反馈，没有发生过人与人的互动。比如，他从电视节目里看到一个人打另一个人，被打的那个人只是脑袋上起了个包，看起来并不要紧。他无法体会到如果这件事发生在真实生活中，别人到底会承受怎样的痛苦。

所以，父母在养育孩子的过程中，共情关注、充分交流和轮流谈话三个原则一定要谨记，另外，在孩子很小的时候，要避免孩子长时间单独接触电子产品。

在当代社会，很多老师布置的作业也是需要孩子用手机或电脑来完成的，不让孩子使用电子产品几乎不可能。但是我们要知道，电子产品仅是教育的补充，这就好比对于营养不足的人来说，吃一点点营养粉是可以的，但是不能把营养粉当作主食来吃。这就是教育和电子产品之间的关系。教育更多的是来自父母、老师和孩子的互动。

3T 原则对孩子成长的影响

数学

美国有一个快餐品牌叫艾德熊。艾德熊做过一次广告促销活动。就是花同样的钱，从前只能买到四分之一磅的汉堡，促销时期可以买到三分之一磅的汉堡。但是广告发布之后，商家发现汉堡的销量并没有增长。他们很困惑，于是开展市场调查，他们问顾客："为什么我们的汉堡打折了，你们却不买呢？"很多美国人的回答居然是："四分之一比三分之一大呀。"他们认为，因为四比三大，所以四分之一比三分之一大，因此汉堡不是便宜了，而是贵了。

这是真实事件。在这件事情发生的年代，美国的大部分孩子学数学都比较晚，这一定程度上影响了当时美国许多国民的数学水平。学数学一定要趁早，让孩子从小就建立数学逻辑的意识，能够帮助孩子在未来更加胜任数学的学习。

那么，父母如何用语言帮孩子建立数学逻辑呢？

比如，帮孩子系扣子时，可以这么说："来，我们来系扣子。这是第一颗，这是第二颗，第三颗，第四颗。"一颗一颗地系，每系一颗就跟孩子讲出这个数字："来，给爸爸指指哪个是第二颗？"

所以，如果一个妈妈或爸爸愿意跟孩子在说话的过程当中加入很多数字的概念，加入很多空间的概念，说："这是一个圆球，对吗？你摸摸圆不圆？""对，这是一个方块，这是一个三角形。"孩子就会从小在大脑中建立数学概念和空间概念。

过去一直有一种说法，认为女孩的数学比男孩学得差。事实证明，确实很多男生的数学成绩比女生的高，但这不代表着男女在这件事上天赋有差异。原因在哪儿呢？

通过观测大量样本后，研究者发现，很多父母跟女孩谈话的时候很少涉及数字和空间，也就是说，他们在培养女孩的时候，潜意识里面就觉得，这是个女孩，所以要和她聊衣服好不好看、颜色漂不漂亮，因此父母每天跟她聊的就是颜色、感受，都是偏感性、细腻的东西。而跟一个小男孩聊天的时候，父母则更喜欢数数。"来，给爸爸数一数这里有几个玩具"，或者说"和爸爸赛跑，看谁跑得快"。父母会用这种数学和空间感的语言方式跟男孩聊天，正是这种潜移默化的培养差异，造成了孩子长大以后数学成绩上的差异。

所以，如果我们能够给女孩同样的语言环境，让女孩从小建立数字概念和空间概念，那么女孩长大后学习数学也会更加游刃有余。事实上，历史上有很多很棒的数学家都是女性，女孩子一样可以把数学学得好。

思维模式

3T 原则对孩子的成长还有一个更重要的影响，那就是思维模式。有一本很棒的书，叫作《终身成长》。这本书的作者认为，一个人有两种可能的思维模式，一种是固定型思维，认为聪明才智等能力是天生的，后天无法改变，我必须不断向别人证明我很强。另一种是成长型思维，就是我现在虽然不行，但是我可以不断地改变，不断努力，让自己变得更好。

成长型思维和固定型思维分别是怎么形成的呢？这要看父母是如何跟孩子互动的。如果父母整天跟孩子讲的话都是"宝贝你真棒""宝贝你真有天赋""宝贝你真了不起""你将来一定会成为一个音乐家"，用这种肯定结果和天赋的方法跟孩子谈话，这个孩子很容易就变成一个固定型思维的人，因为他太希望得到对天赋的肯定。

获得对天赋的肯定是一件很棒的事情，但事实上，它并不一定利于孩子的成长。更多能力其实来自刻意练习，来自一次一次的挫折和不断地打拼。因此，在给予孩子肯定的时候，如果我们赞扬的是他努力的过程，比如"你昨天练得特别勤奋，所以今天效果就好了很多"，并且鼓励他建立"不断探索""坚持信念""不放弃"等过程性目标的时候，孩子就能够逐渐形成成长型思维模式，这会影响到孩子的终身幸福。

固定型思维和成长型思维，是一个人卓越还是普通的重要分水岭。

自控力

孩子的自控力是怎么通过父母的语言来帮助实现的呢？如果一个父母整天用命令的语言跟孩子讲话，孩子就会丧失自控力。很多父母可能会认为，你讲的可能都是别人家的孩子，我们家的孩子不是这样的，他就得靠父母盯着。但我得告诉大家，如果你的方法是对的，那你一定能够认同我上面的话。一个孩子如果必须要靠父母去盯，那一定是因为父母一开始就用错了沟通方式。

如果父母总是用命令型的语言跟孩子讲话，孩子的自控力就会不断地下降。因为他不认为这些东西需要自己管，他不明白什么是规则，既然父母说不要做，他就不做了，所以他根本不会去探索边界，不会去探索规则，不会去尝试自己掌控这件事情，所以他的自控力就会不断地下降。

自控力对一个人的重要性不需要再多说，所以，父母最好把命令型的语言改成建议提示型。也就是可以提建议，可以提示，可以告诉他事情的因果关系，但是你要让他自己尝试着去控制自己的人生。这样他的自控力才能不断地增强。

善良、同情与道德

如果我们跟孩子说"来帮我扫扫地"，可能孩子并不愿意来帮忙。但是如果我们跟孩子说"我希望你成为我的帮手"，孩子就可能愿意参与进来。

同样的道理，我们想给一个人警告，那么，"不要骗人"和"不要成为一个骗子"，哪一个效果好呢？很明显，第二个的效果更好。

用名词来界定一件事，比如"来做我的帮手""不要做骗子"，比用动词来界定一件事，比如"帮帮我的忙""不要骗人"效果要好。如果你更多地用名词界定的方式来和孩子沟通的话，他就更容易接受这些道德的观念。因为人都不希望自己成为一个骗子，人都希望自己成为一个帮手。在我们批评一个人的时候，要学会基于行为的批评而不是基于人格的批评。"你是一个不负责任的人"，这是基于人格的批评，但如果我们说"这种做法在我看来就叫作不负责任"，这是基于行为的批评。

这些方法都能够快速地帮助孩子建立他的道德底线，让孩子知道善良、同情这些品质都是非常重要的。

父母的语言是非常重要的资源，也是父母给每个孩子的宝贵投资。事实上，孩子最需要的东西不是玩具，也不是文具，他们更需要的是父母的陪伴，是父母高质量的陪伴和系统性的符合 3T 原则的语言。

学会 3T 原则的意义

如果大家都学会 3T 原则的话，有什么意义呢？

首先就是我们今天所看到的日益严重的教育资源的不均衡。在中国我们能够看到这样的现象，但更严重的是在美国。你在美国就会发现，好的学校特别好，差的学校令人担忧。这种日益严重的教育资源不均衡的现象，如果想在一夜之内通过重新分配使它回归到均衡，这是不可能的。但我们能够做到的是什么呢？就是我们要让所有的家长都意识到，父母的语言对于孩子的各个方面都会有重大的影响，孩子与孩子之间更多的不是什么智商的差别，或者是什么基因的差别，而是父母观念和教育方法的差别。如果每个父母都能掌握与孩子说话的原则，那么无论家庭条件、教育资源如何，每个孩子在上小学之前都能具备非常丰富的大脑神经连接，到了三岁的时候就能够有很强的读写能力，为未来的学习奠定基础。

其次，让大家意识到父母和照顾者是一切教育的决定性因素。

好多人愿意花很多钱给孩子找一所好学校，却不愿意花一点点钱来改造一下自己。其实，父母只要能够稍微拿出一点时间或者是金钱去读书学习，就不至于等到孩子长大后再万分焦虑。

有一次我在车上跟一位出租车司机聊天，说到教育孩子的话题。他跟我说，他的孩子多么多么叛逆。然后我就跟他说，"教育孩子最重要的是三岁以前"。他笑着说，"三岁以前他懂个啥"。他觉得三岁以前孩子根本不用教，扔给孩子的奶奶管就好，等他上学的时候父母再管他也不迟。他那种根深蒂固观念是，"三岁以前你跟孩子说什么他也听不懂，说了有什么用呢？"他完全不知道三岁以前的经历对一个孩子来讲有多么的重要。

最后，它有利于我们整个社会的成长型思维模式的打造，让整个社会意识到语言的重要性，意识到成长型思维不是碰巧获得的，是我们小时候受到的影响导致了我们今天所产生的变化。

这本书中的统计数字告诉我们，不同的家庭跟孩子互动的时候，词汇量的差别在 3000 万字以上，这是一个巨大的鸿沟。而弥补这个鸿沟不需要花钱，不需要投入更多的资源，只需要更广泛地传播科学的结果，让更多的人意识到这件事情对于孩子将来的重要性。

当你抱怨孩子没有自控力，没有终身成长的思维，不愿意去努力学习数学的时候，你应该反思在孩子小时候有没有用过 3T 原则和孩子讲话，是否帮助过孩子养成与他人对话，去了解他人，建立丰富的神经元连接的习惯。

过去很多人反对"不要让孩子输在起跑线上"这句话，觉得它把父母搞得好焦虑，事实上，孩子的起跑线不是幼儿园，不是重点小学，孩子的起跑线是父母愿不愿意跟他多说话，是父母愿不愿意用更加丰富的、科学的、肯定的语言方式帮助孩子去建立足够丰富的大脑神经元连接。

第 3 节　日常生活中的蒙氏教育

崔玉涛解读《让孩子成为他自己》

在孩子成长的过程中，每个父母都希望自己的孩子能够独立、成才和成功。那么，作为父母，要如何当好孩子成长的协助者和灵魂的服务者呢？蒙氏家庭教育专家吴晓玲在《让孩子成为他自己》这本书中给了我们答案。

这本书总结了三个关于孩子成长的"真相"。

第一，孩子只想成为他自己。如果留心观察就会发现，"妈妈，让我来"是孩子的标志性语言。孩子的天然成长模式是"自助式成长"，每个孩子都渴望施展自己的天赋，成为"真正的自己"。

第二，有一种说法是"父母是孩子的第一任老师"，但这本书的观点很独特："孩子的第一任老师是他自己，而不是父母"。

第三，"伟大的教育服务灵魂，平凡的教育服务身躯"，父母不仅要关注孩子身体的成长，更要重视灵魂的养育。

人的成长过程中有好多个六年，但 0~6 岁尤其关键，这个时间段对人的一生都有着重要影响。让我们跟随这本《让孩子成为他自己》，学习成为孩子的引领者和协助者，帮助孩子成就更好的自己。

孩子成长的协助者

我们第一个要讨论的问题就是父母的角色定位。父母究竟应该"帮助"孩子长大，还是"协助"孩子长大呢？

没有满分的父母

在养育孩子的过程中，我们都希望尽善尽美，但这其中也一定夹杂着遗憾。这时候我们要告诉自己"球掉了，捡起来就行"，意思就是犯了一些无关紧要的错误时不要纠结，改过来就好了。

养育孩子的过程中可能会出现很多问题，这很正常。有些问题过去就过去了，不要过于纠结。比如生产过程中遇到了挫折，孩子生病了，父母认为都怪自己没有照顾好……这些事情在已经过去之后就不要一直放在心上。

有时候，我们在照顾孩子时出了点纰漏或者孩子在发育中有些问题我们没及时发现，后来专家帮我们纠正了这些问题。纠正以后，就要重新开始。千万不要沉浸在以前的问题中，把大好时光浪费在遗憾上。

培养孩子的安全感

父母从容自信，才能使孩子对父母有信任感，才能让他产生安全感。很多因素会导致孩子安全感不足。在安全感不足时，我们要怎么训练孩子，才能增强他的信任感和安全感呢？

最简单的方法之一就是让他玩好。因为孩子的天性就是爱玩。

问大家一个小问题，吃饭算不算玩呢？很多人的答案是否定的，觉得吃饭仅仅就是吃饭。但是，如果一个人在吃饭过程感受到愉悦的话，是不是跟玩的效果是一样的？我们不妨把"让孩子玩好"这种思想带入生活的各种事情中。

比如，藏猫猫就是一个训练孩子的信任感、安全感的方法。拿手绢挡上了脸、又拿下来了，孩子看不见爸爸了，然后爸爸又迅速出现了，慢慢他就觉得："我对你有信任，即使一时半会儿看不见爸爸也没关系，我是安全的。"

我们可以从简简单单的用手绢遮挡或躲在一个物体后边又出来这种藏猫猫游戏，慢慢过渡到短暂的分离。比如爸爸去厨房倒杯水，让孩子在这儿不要哭，爸爸马上就回来。如果很快爸爸就回来了，孩子就会觉得："我不用哭，也不用叫，爸爸真的回来了。"然后就可以再逐步延长分离时间。

这可以为父母们恢复正常工作做好准备。否则，很多家长，特别是妈妈们，总处于这种状态：趁孩子没醒赶快离开家，怕孩子发现妈妈没在，回家以后第一件事就是赶快抱孩子，让孩子总在惊讶中发现妈妈回来了。

其实这是不对的。应该让孩子知道，虽然妈妈暂时离开，但妈妈保证在说好的时间回来。

要注意的是，哪怕孩子还很小，只有两个月大，父母跟孩子许诺之后也要讲诚信。不能跟孩子说一会儿就回来，结果过了一天才回来。父母一定要有责任感，因为很多时候影响孩子对父母的信任感或者他自身安全感的，就是这种不规律的承诺。

我在门诊就发现过这种情况，有些父母跟孩子说："今天只要你打针不哭，我一会儿出去给你买冰激凌。"孩子一听很高兴，打针时坚持没有哭。结果打完针了，父母却说："噢，今天太晚了，以后再给你买吧。"孩子立刻开始在地上打滚、哭闹。这对于孩子建立对父母的信任感是一个非常大的破坏。

很多父母都觉得孩子是能任由父母摆布的，这是很大的错误。如果孩子在0~6岁没有对父母建立信任，自身缺乏安全感，我们设想一下，等他长大了，会对社会、对亲朋好友信任吗？他会觉得在这种生活环境中自己是安全的吗？

另外，我们要格外重视孩子0~6岁这个阶段各个方面的培养。

一是学习。对于这个阶段的孩子，其实我们要把学习和玩等同。至于他玩什么，要根据他的月龄、年龄来判断，不断地往相对复杂、符合成长发育规律的方向引导。

二是习惯。面对一个习惯的事物，人会相对感到更安全，如果面对不习惯的事物，就可能会比较紧张。比如，我打电话告诉你，以后我每天早晨叫你起床，但是并不告诉我会几点叫你，那你是不是就很紧张？如果我告诉你我每天 6 点叫你起床，你是不是会踏实很多？

三是处理情绪。孩子遇到的问题对于父母来说也许并不算什么。但对孩子来说，可能是个天大的事情。他可能会有情绪失控的时候，父母能做到理解他吗？孩子当众哭的时候，作为父母可能第一时间想到的是自己有点丢面子，但是孩子为什么哭父母知道吗？父母只有在理解他、了解他的情绪后，才能引导他正确地排解，告诉他遇到事情的时候该怎么样去做。如果父母仅仅制止、压制，就会对他以后的情绪表达产生影响。

作者吴晓玲告诉我们，要做"忙得有章法，闲得有情调"的蒙氏父母。

该自己做的事情，父母一定要自己做；该让孩子做的事情，父母要协助他去做。比如，孩子在地上爬，父母不用推着他爬，可以给他找一个空旷安全的空间，或者找一个地垫让他自己爬即可，这就叫协助。

我在接诊过程中，有些父母跟我说，他家孩子现在五个月了，可以满床爬。我觉得稍微有点不太符合常理，五个月的婴儿自己能满床爬吗？后来我才知道是父母推着孩子满床爬。这次是父母推着孩子爬，那么其他事情呢？如果孩子的所有事情都让父母"推"着做，长此以往，孩子还会不会自己努力地去做一件事呢？

父母应该是孩子成长的协助者。协助的意思，就是帮他提供适当的成长的环境。我们再举个生活中的例子，比如刷牙。如果想让孩子学会刷牙，父母最好不要直接帮孩子刷牙，而要和孩子同时刷牙，孩子可以通过观察父母刷牙的动作，学到该怎么刷牙。

孩子灵魂的服务者

什么叫灵魂的服务者？最直白的解释就是：父母不只要关心孩子的吃穿，还要关注孩子的精神世界。当孩子意识到父母是自己灵魂的服务者时，心里会特别踏实。

做向导，而不做主导

许多父母都习惯了做主导而不是做向导，主导和向导是有区别的，前者有决定权，后者没有决定权。向导是如何尽到职责的呢？向导只是给出指导，而不是手把手教对方来做事。

这和读书时"老师"和"导师"的概念有点像，在我读本科的时候，老师会手把手教我们做手术的时候怎么拿刀、怎么用力、怎么缝线、怎么打结、怎么消毒、怎么处理伤口……他会一点一点告诉我们，并主导整个过程。但是在读研究生的时候，我的导师只是在一些关键问题上给出指导，更多的时候是鼓励我们在感兴趣的领域中自主探索。从这种角度来看，父母只需要做孩子的"研究生导师"，鼓励孩子自主探索，并在必要的时候做向导即可。

那么，父母如何判断孩子愿意不愿意接受自己的指导呢？

一要看他的精神状态是否饱满；二要观察以后再做这件事的时候他是不是特别热情；三要看他的情绪是否平静，孩子在面对乐于接受的事情时，不会特别急躁，而会慢慢沉浸其中；四要看他对这件事情是否感兴趣，孩子面对感兴趣的事时眼睛是会发光的。

另外，还要看他是不是有自主学习的劲头。如果你能发现孩子有这些特质的话，那他在这件事情或这类事情上一定可以取得好成绩。

如果我们说，父母扮演的角色一直是协助者，可能有人就会问："那从什么时候开始教育孩子呢？"我想说的是，父母在教育孩子之前，首先自己要接受教育。

我们要通过学习来了解自己的孩子的生长发育过程。比如，根据孩子的身高、体重、头围来了解孩子的成长发育情况，如果孩子的实际发育程度与这个成长阶段的一般发育程度存在差距，应该及时发现并科学应对，等等。

我在工作中见过有的婴儿已经四个月大了，但是还不会翻身，趴着的时候也会不抬头。因为婴儿的父母认为这么小月龄的孩子趴着会压迫心肺，对孩子会有极大的不良影响，所以从来没让他趴过。在我看来，这对父母对孩子的发育过程了解得其实还不够。

教育孩子，要从接受教育开始，这样父母才能知道如何正确协助孩子。协助和帮助看似只有一个字的区别，实际却相差甚远。帮助，是帮助他人完成；协助，是配合他人完成。想要协助好他人，你对这件事的了解就要比做这件事的本人多得多。

呵护孩子 0~6 岁的发展

在孩子 0~6 岁的阶段，父母有什么特别需要注意的呢？吴晓玲在书中提到了七个方面，这里我简单跟大家介绍以下两个方面。

一是做"健康"的父母。抚养者精神上的强大和健康（坚强、乐观、正直、善良）有益于哺育不平凡的生命。

二是给孩子足够的精神食粮。学龄前的儿童有两大精神营养需求："爱"和"玩（工作）"。父母在关注孩子身体健康的同时，要关心孩子的心灵需求，给孩子足够的爱，让孩子感受到自己是被接纳的。

那么如何让孩子"玩"好呢？这听起来很容易，做起来其实很难。孩子是不是真的喜欢玩游戏？是不是看到游戏眼就发亮？在玩的过程中，是不是能自己克服困难？这些都很重要。

很多父母对孩子的"玩"有所误解，有的父母让孩子玩这个，孩子不玩，非要玩另一个，他们就觉得这是不对的，是"瞎玩"，甚至怀疑孩子专注力有问题。比如有位家长抱怨道："我让孩子辨认颜色，他不听我的，自己去玩玩具了，玩了半小时。"但实际上，孩子能够专注地玩半小时玩具，恰恰说明了他有很好的专注力。

曾经有位家长跟我说，他的孩子可能有孤独症。我问他是怎么给孩子诊断的，他说："因为孩子画出来的画我无法理解。"

我看了他孩子的画，孩子画了一栋楼，那栋楼是倒三角形的。我问孩子为什么楼是倒三角形的，孩子的答案令我震惊："出去不晒。"

原来孩子认为，真实世界中大多数的楼都是方方正正的，阳光好的时候出门会被晒到，但如果楼房是倒三角形的，就到处都是阴影了，他可以在阴凉处待着。

这位家长觉得孩子患了孤独症，是因为他在用自己的想法来要求孩子，如果孩子不听，他就觉得孩子跟他交流有障碍，并且问题出在孩子身上。但实际情况却是家长没有用心观察，没有控制好自我的意识。

蒙氏父母基本功

蒙氏教育由教育家玛利亚·蒙台梭利开创，已经风靡世界百年，得到了国际幼儿教育界的普遍推崇和认同，但实际上，仍然有很多父母对蒙氏教育不甚了解。吴晓玲在书中把蒙氏教育思想和日常家庭生活进行了很好的融合。

在她看来，蒙氏教育充满了对生命的崇敬和信任，它更像一种精神、一种信念，而不是只有教具和操作方法。做好蒙氏父母需要有一定的基本功，我从书中挑出了以下五个方面为大家简单介绍。

遵循成长的自然法则

父母应该给孩子机会，让孩子自由地活动，自主发展他们的各项身体机能。比如，在保证安全的情况下，当孩子对某个东西好奇、想坐在地上玩、想在地上爬、想摸某样东西时，父母可以放手让孩子试一试。孩子需要通过自己的行动来获得属于自己的生活经验，成人代替孩子做得越多，就越不利于孩子自主性的发展。

抓住孩子的敏感期

在不同的敏感期，孩子会重点发育不同的能力，所以我们要从孩子的兴趣、专注、耐心、自发性、创造性和实效性等多方面来关注。

比如，语言敏感期在还不到一岁时就开始了。很多人会说："不是一岁才开始说话吗？就算发育早一点的孩子，也得八个月才学会叫爸爸妈妈吧？"但实际上，孩子咿呀学语的阶段，就已经是在说话了。

孩子在发出"嗯啊"声音的时候，就已经是在交流了。很多孩子不到一个半月就开始发出"嗯啊"的声音了，很多父母刚开始时很兴奋，但是到孩子四个月大的时候，却发现孩子反而很少发声了。这是为什么呢？因为刚开始的时候，孩子对这件事很兴奋，但是后来没有得到充分的回应，兴趣就没那么大了。如果父母能静下心来倾听孩子，尝试与孩子交流，慢慢地就会发现他"嗯啊"的次数越来越多，逐渐地就能够说话。

还有一些现象不在少数：很多孩子在八九个月大的时候，就会叫爸爸妈妈了，但是到一岁半的时候，依然只会说"爸爸""妈妈"，其他的什么都不会说。这是为什么呢？这是因为很多父母都不用语言和孩子交流，常常是孩子还没说要喝水，水就递过去了，孩子上厕所、吃饭、睡觉都被提前安排好了，很少有交流的机会。

那么，在孩子的语言敏感期，父母到底应该怎么做呢？是不是应该多和孩子说话，多教孩子语言知识，甚至把未来需要学习的一些外语，也让他一起学习了呢？其实不一定。

孩子最能接受的是父母对自己说母语。比如我是中国人，我的母语是汉语，或者说我是四川人，我的方言是四川话，这个时候就可以跟孩子说普通话或者是四川话，他都比较容易接受。至于是否能和孩子说外语，就要根据实际情况。如果父母的外语水平很高，熟练到几乎是母语的水平，那跟孩子说外语就没问题。但是我们见过太多家长，为了让孩子学外语而刻意跟他说外语，其实家长的外语水平并不高，这样会让孩子在语言敏感时期接收到许多错误信号，很可能会对他以后的语言发育有消极的影响。

抓住语言敏感期，更多的是让孩子学会用语言工具进行交流，能够精准地表达自己的需求，细致地表达自己的感受，将语言与实际物品相对应。这些才是孩子在语言敏感期的重要任务。

成就孩子的专注力

其实大家都知道，我们要是认真做一件事情，效率就会很高。效率低的原因是自己内心抗拒做这件事，于是就有各种各样的借口：天气不好、家里太热、环境太吵、笔没墨了，等等。所以，我们想让孩子学习好，首先要让他对这件事保持专注。

如何判断孩子是否专注呢？第一，可以观察孩子的情绪，孩子在做这件事情的时候是不是能够静下心来；第二，看孩子的眼睛是否明亮，孩子在做自己感兴趣的事情时眼睛是会放光的；第三，看他是不是在动脑筋，如果他在思考，他可能会反复地拿起笔又放下，反复地琢磨。

有的父母可能会问："对于有些我觉得很重要的事情，孩子就是无法保持专注，该怎么办呢？"我认为比较有效的方法是父母以身作则，比如父母想让孩子认真看书，那自己就要先认真看书。我们一定不要低估榜样的作用。

另外父母要注意，不要做破坏孩子专注性的事情。比如，有位家长说孩子不认真上网课。我问他："你怎么知道他没有认真上课？"家长说："因为我去他的房间看他了。"我说："你为什么要进去看他？"家长说："我怕他渴，想给他送杯水。"请问，这到底是孩子不认真上网课，还是家长阻止了他认真上网课呢？很多成年人都没有意识到，自己在用自己的爱和无知的关心，打断孩子的专注。

类似的事情还有很多，比如给孩子提供过多的玩具，让孩子不知道该玩哪个；让孩子过度使用智能化的电子产品；让孩子进行频繁且没有规律的家庭活动等，这些都不利于孩子专注力的培养。

不过，虽然专注是件好事，但是不能要求孩子对所有你希望他做的事情都保持专注。专注力是一种"有限资源"，要学会取舍。比如，应该尽量减少孩子对电子产品的使用，但完全禁止在当下的环境来说是不现实的。

禁止行为不是解决人性问题最好的方法，越是禁止的东西，人越想尝试。所以在孩子三岁以后可以有约定地限制性使用电子产品。除了和孩子约定使用的时间，还要控制孩子和电子产品的距离。以手机为例，孩子的眼睛到手机的距离最好是手机对角线长度的 5 倍。

3~6 岁的孩子可能会需要电子设备来辅助学习，这时候我们也要注意把电子设备静止地放在屏幕对角线长度五倍的距离。还要注意的是，这些电子设备的亮度要与周围环境的亮度相匹配，不然可能会对孩子的眼睛造成伤害。

给孩子自由

在不破坏环境、不伤害他人、不伤害自己的前提下，可以尽可能地让孩子自由地学习和玩耍。教育孩子不能完全按照父母的想法来，要善于给予孩子自由，让他在自由中学会自律，换句话说就是，父母把自由用得越到位，孩子的自律性就越强。因为他知道只要做到不破坏环境、不伤害他人、不伤害自己，就可以按照自己的想法自由地探索世界，同时也会用这个标准来要求自己，久而久之，就会成为一个自律的人。

尊重孩子

尊重孩子，就是要拿他当一个真正的人。这句话是不是听起来让人觉得不是很舒服？其实很多父母在一定程度上都是把孩子当成了"机器"，一个任由父母摆弄的"机器"。这是不对的。孩子是个有自己的思想，有自己好恶的人，孩子拥有自己的人生，也有权利为自己的人生负责。尊重孩子，就要尊重他所做的选择，成功的也好，失败的也罢，都要学会尊重。如何适当地引导孩子，把握好这个度，才是父母要学习的必修课。

蒙氏家庭工作原则

想要成为蒙氏父母，我们就要学会在家庭中实践，这就要求我们注意家庭环境的营造。我们要根据孩子不同的年龄段，在家里不同的地方设置不同的环境。

很多父母都希望给孩子营造出在哪儿都能玩、在哪儿都能看书的氛围和环境，不过为孩子创造一个这样的环境并不是件容易的事，作者在书中为我们提出了一些原则和建议。比如，工作材料的难易程度必须符合孩子的发展情况，太简单和太难都不能吸引孩子的注意力；给孩子准备的工作材料的尺寸、大小要符合孩子的年龄阶段；每次只取一个工作用具，归位后再取下一个；父母只做示范，要懂得适时离开，不参与和帮助孩子完成工作。

为孩子创造环境是十分重要的，在整个家庭布置中，最好能有工作区、卫浴区、阅读区、艺术区、换鞋区、收纳区、厨房区等，要让孩子能够在舒适的环境中做自己想做的事情。

家庭环境当然也包括家庭氛围。作为父母，要学会量化情绪。很多时候，我们确实会感到相当的愤怒。这个时候应该怎么办呢？我们可以问自己："我现在的愤怒到了什么程度？我能不能用自己的能力缓解？如果不能的话，我应该借助什么外力？"出去遛遛弯也是外力，购物消费也是外力，跟朋友聊聊天也是外力，但是一定不要把情绪发泄到孩子身上。

吴晓玲的这本《让孩子成为他自己》为父母提供了很多知识，从了解孩子开始，到怎么关注孩子的成长特性，再到父母认识自己，都提供了丰富的讲解。

想成为优秀的养育者，父母就要愿意让出孩子成长的主导权，从让孩子自己吃饭这样一个微不足道的事情开始，让他走向能够自由选择人生的尊严之路，使他能够从实践中而不是从他人的口中领悟生命的责任。父母要愿意以协助者的身份，把自己浓烈的、甚至有点超标的爱，化为孩子可以吸收和接受的"浓度"，通过生命之流默默地传递给他，把原本该还给孩子的自由，真正地交给孩子，让他能够自由且自律地长大。

第三章

用爱浇灌
孩子的心灵

在认识儿童发展规律的基础上，呵护与陪伴孩子的心灵也是父母的必修课。

除了看到孩子的外在，父母更要看到孩子内心的发展，关注孩子的情感世界。只有忘掉"高高在上"的家长身份，与孩子平等互动，建立情感联结，才能帮助孩子建立起内心的价值感，形成健全的心灵，走向幸福的人生。

第 1 节　看见孩子的心

张泓美解读《每个孩子都需要被看见》

在从事儿童心理学教育的这些年里，我发现很多家长经常为孩子不爱读书、不爱写作业、不愿意和他们沟通等问题所困扰，在这些问题背后，每个家长都有自己不一样的解释。本节给大家介绍的这本书——《每个孩子都需要被看见》，恰好能够根据不同家长的需求，提供解决这些问题的底层逻辑。

这本书的作者是加拿大著名儿童发展心理学家戈登·诺伊费尔德博士，他通过研究发现，面对孩子的问题，很多父母只看到了问题的表面，却没有看到问题背后孩子内心的渴求。当孩子的真实想法被隐藏和忽视，这样的缺失感会对孩子造成很大的负面影响。父母需要真正地看见孩子，跟孩子建立良好的依恋关系，只有在被父母主动看见并积极回应的环境中，孩子的内心才能得到全然的满足，从而发展出健全的人格和获得幸福的能力。

母亲与孩子的依恋关系

关系是孩子和父母的心理脐带

有的时候孩子和父母的沟通是不同频的，每当孩子想要把自己的真实想法告诉我们时，我们总会以自己的评判标准来判断孩子的表述或行为是对还是错、是否应该被允许。但是，孩子每一次和我们沟通其实都是在寻求某一种关系的联结，如果我们能够认识到这一点，是不是会不一样呢？

这本书名为《每个孩子都需要被看见》，什么是"看见"？本书第一章给出了答案。看见就是给予孩子回应。

回应是关系中最容易被忽视的环节。举个例子，我们平常和孩子进行沟通，会选择一个自己时间富裕或者心情好的时候。当我们工作一天回到家感觉疲惫不堪，孩子跑过来向我们寻求帮助时，我们却拿着手机看视频或者回复消息，这种回应是孩子需要的吗？显然不是的。

还有当我们一心二用，一边忙着工作，一边听孩子在说什么的时候，其实对孩子来说，这样的回应是无法让他们感到满足的，因为及时的、有效率的、真正给予感情互动的回应并没有发生。

所以，是否真正地看见了孩子，要看父母的回应给予得好不好、及不及时，有没有真正与孩子发生了情感互动。明白了这一点，我们就能明白为什么孩子时时刻刻都想要向我们寻求这种回应了。

有的孩子会时不时地过来摸妈妈一下，叫一声"妈妈"，过了一会儿，又跑过来叫一声"妈妈"。如果母亲和孩子关系好，就会和他有共鸣，知道这个时候有些事情是他想要表达的，但又不知道该如何表达。这时候，母亲就可以说："宝贝，你现在是不是特别开心，想叫一下妈妈？"孩子会回答："嗯，是的！"这样就是很及时的回应。父母和孩子的关系良好与否会决定父母的回应效率，也会决定父母和孩子之间黏性的互动有多同频。

孩子始终把父母当成神明一样的存在，但随着时间慢慢流逝，他们会发现心目中像神一样的人也许并不像他想象的那样万能，而这种挫败感会使得孩子越来越疏远父母。这虽然是一件让人感觉遗憾的事，但始终存在。我们会发现，如果孩子与父母之间的关系出现了问题，最终都会带来行为上的矛盾。

孩子在牙牙学语时，或者说话还没有成年人那么有逻辑时，只要孩子和父母之间连接紧密，父母总能猜出来孩子想要表达什么，意识到孩子的需求。父母与孩子之间关系的好坏，决定了孩子用什么样的行为来向父母寻求帮助，或用什么样的行为来向父母展示自己。而父母有时候只会评价孩子现在变得越来越淘气了、没有以前听话了、又有什么小毛病了……作为家长，我们有没有思考过为什么孩子不再听话、跟我们有矛盾了呢？其实就是因为我们和孩子之间的关系在慢慢疏远。

这本书想要告诉大家的就是，如果我们没有发现家庭关系中的缝隙，就会一直在解决各种各样的问题上花费大量的时间。孩子每冒出一个问题，我们就为了解决这个问题兜兜转转，却一直找不出能根除所有问题的解决办法。

透过问题，看见需求

很多家长给我发消息说，"老师，孩子又不写作业了""老师，我跟他沟通了，他又不听话了""老师，我上次明明和他达成共识的，制定好了规则，他又不遵守了"……

这种出现一个问题解决一个问题，不知道下一步应该如何做的亲子关系会让父母感到非常紧张和焦虑。其实，孩子和父母之间该如何相处，并没有一个标准答案，当爱意在亲子间流动的时候，父母只需要遵从自己爱孩子的方式来设定规则即可。比如，当孩子说："妈妈，我想要一个……""爸爸，我想这样做，为什么不可以呢？"当我们注意到孩子的需求时，总会先将孩子的需求进行评估，判断孩子想要的东西值不值、应不应该买、现在这个时候能不能给孩子买……但在判断这些事情之前，我们是不是可以先让孩子试着表达出这个需求背后的真实愿望呢？

比如，有时候孩子要的东西很简单，当他看到小伙伴使用手机时，他就也想要一部手机。这个时候，我们就可以询问："宝贝，你为什么想要一部手机呢？"孩子会说："我想用手机和同学聊天。"你可以接着问："和同学聊天一定要用手机吗？可以选择别的方式吗？"这个时候，问题就从到底要不要给孩子买手机或者要给孩子买什么手机变成了讨论孩子和同学聊天的方式。

然后孩子回答："别人都是用手机聊天的，如果我没有，我怎么和同学在一起玩儿呢？同学也都会觉得我很奇怪，只能面对面地聊天。"我们经常会在和孩子的沟通中，被孩子的思路带偏。比如，我们问孩子："你为什么不写作业？"孩子回答说："隔壁小王也没写。"你就会接着问："隔壁小王不写，你就不写啊？"此时，我们的问题就从"孩子为什么不写作业"变成了"隔壁小王为什么不写作业"。

孩子的思维是非常活跃的，他可能会跳出我们的逻辑给我们一个措手不及的答案。如果这个时候，我们没有关注到孩子需求背后的原因，或是我们与孩子的关系没有亲密到让他们把真实需求展现给我们，那么我们就会始终认为孩子的行为有问题。

还是刚才的例子，当孩子说他想要和朋友聊天的时候，你可以问："你觉得沟通是一件快乐的事情，对吗？"

孩子说："是的，因为我跟同学聊天，就能够知道现在发生了什么。"

"那你觉得是只用手机聊天好，还是转天到学校的时候聊天好呢？"

"我觉得都需要。"

这个时候我们可以和孩子商量:"好的。那你每天大概需要使用手机多长时间呢?"

如果我们可以始终关注孩子需求背后的原因,就会和孩子产生共鸣和共情,孩子也会更加信任我们,把原因告诉我们。这个时候如果想和孩子达成共识,就变得非常简单了。当我们将与孩子的关系放在首位时,一切问题都可以迎刃而解。

依恋关系的重要性

书中还强调的一点就是,孩子需要在与父母的关系中寻找人生的方向。当父母忙碌于某件事情,无法将精力放在孩子身上的时候,会失去很多和孩子沟通的机会。如果父母没有时间和精力与孩子沟通,那么孩子就会选择向其他信任的人倾诉。

之所以说孩子和父母之间的依恋关系非常重要,是因为孩子如果和父母建立了良好的依恋关系,依恋关系就不会被其他关系替代而导致方向错位。父母始终是孩子的向导,为孩子指引正确的方向。如果父母和孩子的依恋关系不够好,会导致孩子去寻求同伴的帮助,或是被其他事物夺去注意力,将主要的依恋关系放在一些无关紧要的人和事上。

作者认为,当我们发现一个孩子跟其他同伴建立了依恋关系的时候,那往往是他跟父母之间的依恋关系淡化或薄弱的时候。而这时候的孩子，为了更加吸引同伴的注意力，会故意去说父母的坏话，而使得自己融入圈子。这时候，反抗父母看上去是一件非常有趣的事情。所以，如果孩子突然变得叛逆，可能是因为父母和孩子的关系疏远了。

如果孩子和同伴的沟通可以得到非常及时的回应，这段关系就有可能会代替父母和孩子低频率的互动，导致孩子无法在关系中找到正确的方向。比如，当他遇到问题，会问一个跟自己关系很好的小伙伴"这件事情你妈妈是怎么说的呀？"或者"上次你不是也遇到这个事吗？你怎么做的？"不过，他们都是年龄相仿的孩子，同伴给的答案真的能成为孩子正确的参考吗？所以，当孩子真的需要一个方向指引时，最需要的还是父母。

孩子小的时候，我们会给他讲如果走丢了要找警察叔叔，在走丢这件事情没有发生的时候，我们已经告诉了孩子解决的办法，这就叫作预设。孩子即将上学，即将面对的情况也是我们无法预测的，所以这个时候我们要和孩子说的是："宝贝，如果你真的遇到了什么事情，你觉得自己解决不了，也许爸爸妈妈那时候也不能想到解决方案，但你要记得，一定要过来找爸爸妈妈商量。"这样做会增加孩子内心的安全感。

我们发现，青少年是有群体效应的。群体效应有时候很让人头疼，很多儿童极端行为的案例都扎堆出现，就是因为群体效应。比如有三个孩子走得比较近，其中有一个孩子因为学习问题抑郁了，这种抑郁情绪就有可能传递给另外两个孩子。我们不要认为每个孩子的想法不同、成长环境不同，不会轻易被其他孩子的抑郁情绪影响。由于孩子惧怕被同伴抛弃，或者担心"他看上去很痛苦，而我很开心"，内心会产生愧疚感，如果孩子与同伴的关系过于紧密，很有可能会被同伴的负能量影响。如果家长没有给孩子预设过遇到棘手的事情要找父母商量，那么当这种事情发生时，孩子可能会选择和他的同伴相同的解决方式。

关系其实解决了很多心理学中没有办法解决的问题，一旦关系变得明了，我们就会理解孩子的所作所为。孩子刚出生的时候，我们总是夸奖孩子"宝贝好可爱""宝贝好有活力"，渐渐地，到孩子三四岁时，父母对孩子就像"热恋期"过了，开始正视孩子的缺点：玩具乱放、经常大哭不止……一改之前的夸奖，只剩给孩子提各种各样的要求，孩子对这种变化的理解就是父母不爱他了，关系就会逐渐走向疏离和破裂。因此，我们遇到问题的时候要先试着去分析我们和孩子的关系究竟出了哪些问题。

教养，是一种权利关系

父母拥有教养孩子的权利，不在于孩子自身的需求，而在于孩子对父母的依恋。我们经常认为我们有教养孩子的权利，也有教养孩子的责任，所以当我们发现孩子出现问题的时候，最先想到的就是如何解决问题，如何承担责任。

但不顾方式方法地急于解决问题，只会让孩子站在我们的对立面，与我们针锋相对，这个时候，我们不是在行使教养的权利，只是在承担我们教养的责任罢了。

权利又是如何才能行使的呢？如果孩子对我们依赖感不强，那么我们在孩子面前就毫无威信可言。让孩子喜欢我们很重要，因为没有一个孩子喜欢跟自己不喜欢的父母、老师学习。如果我们的孩子感受不到父母对他的关心和爱护，要与我们断开联结，那当我们想要行使教养的权利时，孩子会认可吗？

很多父母都不明白，为什么自己给了孩子这么多物质上和精神上的爱，孩子还是不给予自己想要的回应呢？在讲这本书之前，我做了一个调研，我让好几位老师都在朋友圈里发了一个问题："在育儿过程中，让你最头疼的问题是什么？"大部分家长的回答都是"不听劝""不听话""跟我顶嘴、吵架""有自己的想法，特别有个性"。

每个人都有自己独立的思考方式，这很正常。而教育的本质，就是当我们和孩子的亲密关系达到了一定程度后，孩子愿意去参考我们认为正确的建议，并将此作为自己的人生方向。如果我们和孩子的亲密程度不够，孩子自然会认为我们的好意都是无意义的指手画脚，根本听不进去。

此外，每个父母都应该做好心理准备，我们虽然付出了爱，但有可能得不到孩子的回应。当我们想给孩子更多我们认为正确的建议，或者想和孩子达成共识时，孩子总会反馈给我们更多的想法。而如果我们和孩子的关系足够亲密，他可能会说"我参考一下""你这样说好像也有道理，但我不是这么想的，我再琢磨一下"。

当我们分析我们与孩子之间出现的问题时，首先要考虑的就是关系。孩子最喜欢什么颜色？孩子最喜欢穿什么类型的衣服？孩子最喜欢吃什么？孩子最感兴趣的是什么？这些很常见的问题，总有一些父母回答不上来。这样我们能说我们和孩子之间的关系紧密吗？

另外，现在有个词叫作"丧偶式育儿"，父亲或母亲一方始终处在家庭之外，不承担或很少承担孩子的养育工作。这种情况下，处在家庭之内的一方和孩子就很容易成为某一种情绪的被害者，或想要帮助对方脱离这种情绪的保护者。比如，有的父亲长时间不在家，却时常指责孩子的母亲哪方面做得不好，而孩子的母亲则会因为这种指责情绪低落。当孩子发现母亲难过，很可能会慢慢转变成母亲的保护者，和父亲针锋相对。常年不在家的父亲工作结束后再回到家里，就会发现孩子成了母亲的保护者，他会希望母亲更开心、更快乐，对父亲却充满敌对情绪。这种情结在心理学上被称为"俄狄浦斯情结"。

在这样的关系下，父亲再想行使教育的权利，对孩子的成长提出建议时，孩子根本不会去探究父亲是不是为自己好，而是对父亲的言行充满抵触或畏惧。

关系问题导致的行为问题

书中第二个关键点，就是提示各位父母，如果孩子没有得到关注和回应会出现哪些问题。这里列举几个大家比较关心的问题。

成绩不佳

身为父母，应该看见：

1. 只有依恋关系安全稳固了，孩子才会有多余的精力去勇敢探索未知世界。

2. 想要调和孩子厌学念头的因素，同样需要培养健康的亲子关系，这样孩子才能感受深层的情感和脆弱感。

3. 依恋是最强大的学习动力，即使没有好奇心或者吸取教训的能力，依恋也能完成任务。[①]

简单地说，一个孩子的成绩或许与他的智商有一定关系，但更重要的是对学习的兴趣。依恋关系很大程度上会影响孩子的兴趣，父母与孩子之间的互动、父母对学习的态度、父母经常看手机还是看书，多多少少都会影响孩子探究世界的方式。

父母如果可以从孩子小的时候就陪孩子一起阅读，陪孩子在知识的海洋和想象的世界里遨游，那么不仅可以培养孩子良好的阅读

---

① 戈登·诺伊费尔德，如博尔·马泰. 每个孩子都需要被看见 [M]. 北京：北京联合出版公司，2019.

习惯，还可以建立亲密的依恋关系。

如果孩子对学习失去兴趣，学习成绩不佳，很有可能是因为父母对孩子的引导不正确。有一些父母总是对孩子说："你身为学生的任务就是学习，我的任务就是工作赚钱，帮你交学费，你完成你的，我完成我的，咱们各司其职。"这样的做法，不仅会让孩子失去对父母的依恋，产生疏离感，还会让孩子惧怕学习，认为父母只要一提到学习就会疾言厉色，不再爱自己。

老师也会影响孩子的学习兴趣，孩子因为喜欢某个老师而特别喜欢某个学科，因为讨厌某个老师而排斥某个学科，这种情况是不是很常见？其实这并不代表孩子对某个学科有偏见，而是与老师的关系没有处理好。处理好关系，一切都会变得简单。

校园霸凌

校园霸凌从何而来？上文说过，依恋关系是可以转移的，强制要求某个人按照自己说的做，并控制整个环境，让某个人做某件事情，也是依恋关系的一种表现。

这是一种非常可怕的情况，当一个人能够调动身边其他人，针对一个矛盾点，一同进行攻击时，霸凌就产生了。当我们发现孩子被欺负了，或者孩子欺负了别人，就需要回想一下，是不是我们和孩子之间的关系已经疏离了呢？孩子是否像一根草漂浮在大海上，没有安全感，想要寻求父母帮助的时候，父母也没有给出及时的回应？如果父母和孩子的关系非常亲密、互动特别多，孩子大概率不会遭遇校园霸凌；反之，如果父母状态不好，无法及时给出孩子希望得到的回应，孩子就会渐渐地把自己包裹起来，独自沮丧地面对自己的人生。

如果你也担心自己的孩子会遭遇校园霸凌，请务必关注你与孩子之间的关系。

叛逆问题

叛逆问题也与亲子关系息息相关。当发现自己说东、孩子非要往西时，父母就该重视自己与孩子的关系了。有些父母解决问题时，总是想跳过关系直接改变结果，这种方式很容易使孩子产生叛逆心理。

举个例子，父母总是说学习很重要，因为父母知道学习成绩影响着孩子未来所接触的人群和所处的平台，但孩子没有这种认知，他无法设想放弃学业之后的处境是怎样的。如果父母和孩子的关系很好，就可以将自己过去的经历分享给他；相反，如果关系不好，他就会觉得唠叨，仿佛父母反复述说过去的不容易和辛苦就是为了给他提要求，自然就想用逆反的方式来应对。

还有一些孩子会逃避感受。逃避感受是指当孩子无法和父母建立足够的联结时，拒绝把自己脆弱的一面展示给父母看。即使他非常难过和痛苦，也仍然觉得跟父母说了父母也不能理解，还会指责一切都是他的错，所以孩子自然就不会和父母分享他的感受了。

性意识扭曲

还有一个比较特别的问题，就是孩子的性教育。

其实性也是依恋关系的一种体现，当孩子想去靠近某一个人，赋予这个人特别的意义，他就想要和这个人发生某种关系。

现在有一些五六岁的孩子就会互相称"老公""老婆"，为什么呢？因为很多父母会当着孩子的面这样称呼另一半，父母通过这种称呼展示了夫妻间的亲密状态。如果父母与孩子的关系不够亲密，孩子会不会在心底渴望父母所展示的这种关系呢？一旦有想法，就会有行为，如果父母再因为对性关系难以启齿，选择避而不谈，孩子从其他渠道了解到性知识，性教育就会更加艰难。

所以，当我们发现孩子有了早恋的倾向，不要不加了解就制止，也许孩子认为这段关系对他来说非常重要，制止、破坏这段关系的效果只能适得其反，还有可能引发孩子的极端行为。

社交问题

孩子的社交问题，就是孩子如何和同伴建立联结、如何和他人建立联系、是外向还是内向，等等。

我认为，内向或外向只是一个伪概念，内向或外向只是代表着孩子针对某一类固定的人群，会做出某种固定的反应，或运用某种固定的展现形式。所以需要分析的是，孩子针对哪一类人群有什么样的行为方式。无须给孩子贴上内向或外向的标签，他只是为了适应不同的环境、不同的人群会用不同的方式罢了。

当你遇到熟人，要求孩子打招呼，喊"阿姨"，孩子却迟迟不叫的时候，你可能会生气地和孩子说："你这个孩子太内向了，一点都不活泼。"这会让孩子给自己的性格下一个内向的定义。其实有可能孩子只是因为对方对父母的回应不是很热情，因此判断对方和父母的关系不是很好，所以不想和与父母关系平平的人建立关系而已。如果父母和对方的关系非常好，或给予了对方认可，让孩子产生了安全感，认为自己应该主动去跟对方建立关系，孩子可能会更情愿与之交往。这种社交来得比较迟缓，很多父母没有给孩子足够的时间，就断言孩子性格不好、太内向，做得不对。

社交过程中还存在一个问题，就是孩子对"合群"的理解。很多孩子会误以为合群就是同意对方的观点，但其实合群是什么呢？合群是能够以一个成熟的身份，与他人建立成熟的交往关系。简单地说，就是我有我的观点，他人不会因为我的观点不同而伤害我；他人也有他人的观点，不会因为观点与我的不同，就不做朋友了。

但孩子的想法很简单，他们会非常重视朋友的看法，觉得想要建立依恋关系，就要满足对方所有的需求和条件，一旦无法和对方达成共识，关系就会破裂。同时孩子也会观察父母如何与他人建立关系，并据此调整自己对关系的认识。所以如果发现孩子不合群，就要观察是否孩子太过于在意他人的想法，或父母是否给予了孩子一个良好的参考呢？

如何修复关系

让孩子归巢

这本书最重要的部分，就是教家长如何修复亲子关系，并通过修复亲子关系解决各种教育问题。作者也针对修复关系的方式给出了参考。

父母要想让孩子归巢，自己要先归巢。当父母回归家庭，回归到正常的亲子关系中，父母也会为回到这段关系中而感到身心愉悦，孩子更会因为回到这段关系中而安全感倍增，拥有面对挑战的勇气。

但如果亲子关系已经出现破裂，该如何让孩子归巢呢？针对长久以来不敢询问、不敢触碰的话题，父母可以更多地阐述自己的感受，而不是需求；更多地关注孩子的成长经历，试着让孩子主动分享……简单来说，就是先强化关系，再考虑教育。

这是一个很艰难的过程，可能会处处碰壁，也许父母不停地向孩子伸出手，却一次又一次地被孩子推开，但不能因此灰心丧气。

孩子能否归巢取决于父母张开了多大的胸怀去迎接这只离开巢穴已久的鸟儿。

让孩子知道自己被看见

孩子刚出生的时候，不知道怎么穿衣服、怎么叠被子，只知道半夜哭着要奶吃，让父母无法安睡整夜。那时，父母对孩子的爱是无条件的，孩子不需要做出什么令人骄傲的事，也不需要懂事听话，可能只是因为很可爱，就可以让父母全心全意地爱他。而当孩子渐渐长大，父母能否继续给予孩子这种无条件的爱呢？

如果父母将孩子的缺点作为他的特点，无关对与错、可以或不可以，全然地接纳，就能够加深与孩子之间的联结。关系，没有接纳就没有改善，没有改善就无法修复，修复不了关系就无法得到任何父母想要的结果。

很多家长问我："是不是修复了与孩子的关系，孩子就一定会按照我说的去做？"我就会提示他："你这样想，追求的还是条件，是关系修复后的结果，而不是在追求亲密的亲子关系，就像在恋爱关系中的一方只图另一方腰缠万贯一样。"

每个孩子都是一个独立的个体，只有父母愿意尊重孩子的想法，挖掘孩子的闪光点，孩子才愿意和父母亲近，和父母说真心话。

自然管教的七条原则

对于如何修复亲子关系，作者还针对如何走进孩子的世界、如何让家庭关系回归本源提出了七条原则。

1. 联系法，而不是分离法。分离代表着不接纳，不应该时时刻刻去区分孩子的想法和行为好还是不好、应该还是不应该、对还是错……这样做会忽略孩子内心的需求，堵塞亲子沟通的通道。

2. 出现问题的时候，处理的是关系，而不是问题。

3. 鼓励孩子流泪倾诉，而不是急着让他吸取教训。比如，当孩子摔倒了，不要急于指责孩子"跑得那么快，摔倒了吧"，而是应该先关注孩子的情绪，体谅孩子的挫败感。

4. 积极的意愿，比好的行为更宝贵。比如，教孩子玩魔方时，有的家长就会计算孩子还原魔方所用的时间。有一次，有一个孩子超常发挥，他平常需要一分多钟还原魔方，那次只用了50多秒就还原了。他非常开心，就和他的妈妈说他进步了。他的妈妈就让他再表演一次，结果这一次孩子又是一分多钟才还原了魔方。然后他的妈妈说："也没有变快啊。"

很多父母都把事情的结果放在首位，却忽略了过程。孩子积极主动地去做一件事情，无论这中间他多辛苦、付出了多少，只要结果不好，父母就不会给出好的评价。时间长了，孩子为了不让父母评价，就选择不做。考试交白卷、兴趣班逃课等问题的出现都可能是因为父母总是强调结果，而不重视孩子积极的意愿。

5. 鼓励孩子感受复杂的情绪，而不是急着去制止冲动行为。父母试图制止孩子冲动的行为，就好像站在火车前命令火车停下来一样，孩子根本听不进去。孩子的冲动行为，是受本能和情感驱使的，很难通过对峙或者大声命令来强行制止。父母要做的是让孩子关注可以缓解冲动的意识，而不是提醒他去留意酿成错误的失控情绪。

6. 要正面引导，不要错误示范。我之前去一个跆拳道馆讲课，有一个家长误以为我是跆拳道馆的老板，就来问我："之前孩子在家从不跷二郎腿的，为什么到了你们这里就学会了跷二郎腿？"说话的同时，这个家长就坐下并跷起了二郎腿。没有一面镜子能24小时悬在面前，所以父母没有办法意识到自己到底在孩子面前展现了什么。但父母展现出来的，无论好坏，都会被孩子复制，父母更应该以身作则，给予孩子正确的示范和引导。

7. 改变不了孩子，就尝试改变孩子所处的环境。我们都听过"孟母三迁"的故事，环境在一定程度上会影响人的行为。之前有一位非常有钱的家长对我说："老师，我给你钱，你帮我把孩子调教好了，再给我送回来。"我就劝他："你这是浪费钱。因为孩子回到同样的环境，看到同样的你，还是会变回去。"所以如果尝试了很多方法都不能让孩子成长，就应该关注一下孩子所处的环境对他的影响是好是坏。

数字时代的关系问题

书的第四部分主要介绍了数字时代下的亲子关系问题。手机、电脑、电视等电子产品在生活中随处可见，如何能让这些电子产品不影响亲子关系呢？

我经常对家长们说，不要总是陪着孩子一起看电视，而要陪着孩子一起读书。这样不仅可以培养孩子的阅读习惯，还可以增加亲子互动。在读书的过程中，父母可以向孩子提出一些问题，让孩子回答。即使他回答的让人听不懂，也要坚持交流和沟通，慢慢培养孩子的表达能力。但电子产品展现出来的东西永远都是"消息"，"消息"是一种单方面的通知，无须对方回应和反馈。持续单方面地得到"消息"，对孩子的负面影响很大。

比如，孩子爱看动画片《喜羊羊和灰太狼》，红太狼经常会拿着平底锅把灰太狼拍扁，但是灰太狼什么事也没有，能继续跑去抓羊。如果没有正确的引导，孩子就会认为自己可以推倒其他小朋友，可以打其他小朋友，反正对方也不会有什么事。

有一些家庭看待游戏的观点很值得学习，他们没有明令禁止孩子玩游戏，反而父母带着孩子一起玩游戏，父母与孩子一起参与活动，在活动中互动、交流、建立关系，这样孩子也更不容易沉溺于游戏中不能自拔。

我在前文中说过，关系是可以被替代的。数字时代来临，所有的电子产品都在争抢孩子的注意力，如果孩子在父母那儿无法得到想要的回应和关注，自然就会在别的地方寻求亲密的关系。打游戏、网上聊天、看短视频等都会成为影响亲子关系的"毒药"。

育儿一直以来都是一个难题，当我们觉得和孩子的关系不是那么亲密的时候，请告诉自己，我只是还不知道如何去养育孩子，但我始终都有机会。没有一个父母是天生就会教养下一代的，所以不要认为是我们不够专业、不够努力，这种心理压力会束缚住我们，使得我们无法前行。我们需要看清孩子每一次行为和每一个问题背后的关系，看到孩子身上闪闪发光的优点，与孩子产生共鸣，这样才能建立更亲密的亲子关系，协助孩子更好地成长与发展。

第 2 节　一个小学生一学年的故事

夏磊解读《爱的教育》

本节为大家解读一本著名的小说,《爱的教育》。[①]

它成书于 1886 年,距今已经有一百多年的历史,是意大利作家埃德蒙多·德·亚米契斯的作品,埃德蒙多·德·亚米契斯一生的著作不多,能够广泛流传的就是这本书。因为这本在儿童文学史上著名的作品,亚米契斯被更多人记住。

《爱的教育》影响深远。很多评论家认为,如果没有《爱的教育》,就没有当代的意大利语言和文字,它为意大利文化的统一做出了杰出的贡献。这本书的意大利原著名更加简单,就一个字——"心"。 一百多年来,它被翻译成了多种语言。1926 年,由我国著名的教育家夏丏尊先生翻译的《爱的教育》进入中国,为中国的读

[①] 本节采用的人名译法及引文均来自 2018 年 9 月由上海译文出版社出版的《爱的教育》。

者所喜爱。丰子恺先生还为 1926 年版《爱的教育》设计了封面。

作为一名教育工作者，我首先被书名"爱的教育"所触动。我对教育的理解是：没有爱就没有教育，爱是教育的本质。当下教育中的很多痛点，都是我们停留于知识灌输，缺少真正的爱的教育造成的。让我们来看看一百多年前的亚米契斯是如何诠释爱的教育的。

给父母和老师的教育参考书

埃德蒙多·德·亚米契斯将这本书献给九岁到十三岁的小学生，但是我阅读之后有一个非常大的感受：这本书不仅是写给孩子的。它的文字非常流畅、清新，提供了一个青少年写作的典范，它不仅是一部儿童文学，更是写给所有父母的，因为通过阅读，父母能真正地了解孩子，知道怎么和孩子交流。它还是写给所有老师的，当老师面对在不同环境下成长的不同性格的孩子时，《爱的教育》将会让老师心中有爱，将会让他们知道，作为一个老师，是多么幸福和幸运。

《爱的教育》中的故事对我们来说不会有太多陌生感，尽管这是 1886 年的意大利作品，写的是一个四年级小学生恩里科在一个学年中的经历。意大利孩子身上所展现的美德、所存在的问题，他们的困惑、父母的担心、老师的烦恼……与我们所经历的都并无不同。

在《爱的教育》中，亚米契斯提出了非常多的问题，我们至今仍旧为此困惑：作为学生，我们为什么要到学校里学习？学校到底是一个什么样的地方？我们应该怎样学习？怎样面对校园霸凌？作为老师，我们应该怎样让不同阶层、不同家庭背景的同学和睦相处？怎样对待孩子们的那些错误？怎样做一个有爱的教育者、一个有心的人？作为父母，我们应该怎样面对教育？怎样面对弱者？怎样真诚地道歉？怎样感恩？

这些问题重要吗？非常重要。在《爱的教育》中，这些问题全都化为一篇又一篇美文，一个又一个小故事。这部名著太好读了，没有任何阅读障碍。

分享开篇的一小段，以便大家感受这本书的语言风格。全书以一个小学四年级的小朋友的口吻展开，从开学的第一天开始：

今天是开学的第一天。三个月的假期一转眼就过去了。日子在乡下过得飞快，简直就像做梦一样。今天早晨，妈妈带着我去巴雷蒂学校注册——我念小学四年级了！可是，我还留恋着美好的暑假生活，一点都不愿意去。通往学校的每一条路上都熙熙攘攘；两家文具店里生意兴隆，挤满了给孩子添置学习用品的学生家长。

　　好清新的文字！而且好像不是在说意大利的事，在中国、在今天，当一个学年开始的时候，在任何一个城市也都在上演着同样的故事。甚至恩里科说的"我好留恋假期，好不愿意上学"，是不是也说出了大家的心声？真诚，让孩子像孩子，是亚米契斯最伟大的地方。

　　在《爱的教育》中，亚米契斯塑造了太多鲜活的孩子的形象、父母的形象、兄弟姐妹的形象，甚至是那个时代的意大利不同阶层的众生相。人物塑造对一本小说来说非常重要，在我们品读《爱的教育》的时候，我也想带着大家认识几个小朋友。他们会在接下来的故事中频繁地出现，或许会让你想起身边的那些好朋友。

　　阅读《爱的教育》时，你好像看到了一个又一个的小朋友在你的面前出现，你看到他们成长、看到他们犯错、看到他们相处、看到他们彼此冲撞，也看到他们心里最美好的那一部分。

恩里科（主人公）

　　人物出场了！主人公——恩里科，来自意大利都灵的一个中产之家。他是一个敏感、善于观察的孩子，正是因为这样，全书才能通过他的视角和口吻把一个学年的见闻与所思所想说出来。

　　恩里科能和性格各不相同的同学和睦相处，十分"百搭"，跟谁都要好，他的爸爸是一位文字工作者。一位会给自己的孩子写信的爸爸，一定是一位不错的爸爸。恩里科的妈妈也是爱的教育当中非常重要的一员，她从很多细节中把爱的种子传递给了恩里科。恩里科还有一个姐姐、一个弟弟，他们家是一个非常幸福和睦的大家庭。

罗贝蒂（小英雄）

这本书的开篇讲到了一个三年级的孩子罗贝蒂，他可是一个勇敢的小英雄，他从马车车轮下救了一个一年级同学，大家都很佩服他。

德罗西（小学霸）

每个孩子都有着与众不同的地方，亚米契斯妙笔生花，把一个又一个孩子的形象写活了。恩里科班上也有许多有趣的孩子。一个班上一定会有一个学霸，这个学霸就是"别人家的孩子"，他的名字叫作德罗西。德罗西来自一个绅士之家，他也是一个小绅士，衣着得体、相貌俊朗，而且学习成绩一骑绝尘。老师的任何一个提问，他都能够对答如流。

加罗内（热心肠）

他们班上还有一个大哥，这个人叫加罗内，加罗内是恩里科班上年龄最大的孩子。因为他上学比较晚，14岁才上四年级。他很强壮，长着一颗大头，却有着一颗温柔的心，他乐于助人，是这个班上的热心肠，他保护着弱小的同学，也是恩里科非常好的朋友。许多读者都会感叹，在自己的成长经历里，如果能有加罗内这样的好朋友就好了。

科雷蒂（好同桌）

在每个人成长的过程当中，可能同桌都会是和我们建立美好关系的伙伴，恩里科也不例外。他有一位同桌科雷蒂，科雷蒂成长在一个卖柴火的小杂货铺，他是一个柴火店小哥。他的家庭需要他做更多学习之外的事情，他要帮着家里做家务、照顾母亲、照顾家里的生意，还要照顾老人，还要完成学业。他和恩里科是最好的朋友。

拉布科（小泥瓦匠）

小泥瓦匠来自普通的劳动家庭。他很调皮，长着圆圆的脸，经常在课堂上搞怪，做出"兔子"脸这种奇怪的表情，把大家逗得哄堂大笑，也让老师哭笑不得。小泥瓦匠很有趣，是恩里科较为亲近的朋友。恩里科很喜欢他，也经常请他到家里来。

内利（小驼背）

还有一个经常会被忽略掉的人，叫内利。他因为驼背，经常会成为同学们嘲笑的对象。那么这种被边缘化、弱小的同学，恩里科是怎么和他相处的？爱的种子是怎样在和各个同学相处的过程当中发芽的呢？下文会展开来说。

新同学（来自卡拉布里亚）

还有一个没有提及名字的同学，他来自卡拉布里亚。亚米契斯设计得很巧妙，他没有说新同学的名字，只是说"来自卡拉布里亚"。因为 1886 年意大利刚刚完成统一，不同地区文化各异，人际往来仍有隔阂。一个外乡人要融入一所都灵的学校，学校怎么让孩子们去接纳一个外乡人？这也是《爱的教育》非常重要的一部分。

《爱的教育》中有许多让我心动、有感触的故事，它就像一面镜子，让我们看到不同的孩子；让我们看到家长在面对孩子时，不同的表达方式所完成的爱的传递；看到老师们与孩子们之间的爱；看到同学之间的爱。接下来，我将从亲子之爱、同窗之爱、师生之爱、社会之爱这几个不同的层次，把这些能够打动我的小故事和大家分享。

亲子之爱

学校

最早进入我的眼帘、最早打动我的是恩里科的爸爸写给恩里科的一封信，这封信的主旨就是告诉科里恩要读四年级了，为什么要去上学，学校到底是一个什么样的地方。每个父母都会面对孩子问的这些问题。当孩子上一年级的时候，孩子就会问："爸爸妈妈，我为什么要上学，为什么要到学校里，和同学们一起学习？"你会怎么回答？我们来看看恩里科的爸爸是怎么回答的，这体现了做父母应有的格局。

这篇书信冠名为《学校》，亚米契斯是用恩里科的日记的"日记体"来完成所有的写作的。

二十八日，星期五

亲爱的恩里科，正如你母亲说的那样，学习是件辛苦的事。我多么希望看到你每天兴高采烈，自觉自愿地去上学啊！可是，迄今为止，你还是一听到要上学就头疼。你不是个听话的乖孩子。但是，你想想，如果你不去上学，一天会过得多么没有意义啊！整天无所事事的日子，我相信你不出一个星期就会厌倦的。

之后爸爸又在信中告诉恩里科：

恩里科，我的孩子，现在所有的人都在学习。工人们在工厂劳累了一天之后，晚上还要去夜校读书；妇女和穷人家的女孩子在劳动了整整一个星期之后，礼拜天也要去学校补习；士兵艰苦训练回营后，还照样看书写字……你想想，每天早上，你出门上学的时候，在这个城市里，还有近三万个小孩子跟你一样也要到学校去，在一间间小小的教室里整整待上三小时。你想想，如果不是为了获取知识，又是为了什么？想想在这个世界上，在差不多的时间段里，有多少孩子正走在上学的路上吧！想象一下他们的身影——他们有的走在寂静的乡间小路上，有的走在喧嚣的城市大道上。在湖滨，在海边，他们有的走在炎炎的烈日下，有的走在茫茫的大雾中。他们乘着船在河道密集的小镇上穿梭，他们骑着马在广阔的平原上飞驰；他们翻过雪山，沿着丘陵和山谷走来；他们穿过树林，踩着湍流走来。在寂静的山林中，他们或独自一人，或结伴而行，或成群结队。

接下来的这段，就能看出恩里科爸爸的格局了，看看一个父亲是怎样看待学习这件事情的，我觉得写得太妙了！

你们所有人的努力将成就一项伟大的事业。一旦你们的努力停止了，整个人类就会回到原始的野蛮状态。你们的努力是世界的进步、希望和光辉。勇敢一些，奋起直追吧！要知道，你也是这支庞大队伍里的一名小小的士兵啊！你的书籍就是你的武器，你的班级就是你的队伍，整个大地都是你的战场，因为人类的文明就在你们的手中。我亲爱的恩里科，绝对不能做一名胆小的士兵啊！

　　这封信点燃了恩里科的学习热情。除了爸爸的引导，恩里科还体会着妈妈的爱。第一天上学的时候，恩里科有一点厌学，他说："我为什么要去上学呀？好烦！我想……我想……我想放假！"然后他跟妈妈说："我不想上学，我有点害怕。"

　　在第一天放学，恩里科和妈妈相见的那一刻，他去抱了抱妈妈。妈妈能够看出恩里科的焦虑，就摸了摸他的头说："孩子，没关系，我们一起来面对这一年的学习，好不好？我们一起来完成它。"妈妈对孩子有一种深切的关心和鼓励，恩里科在妈妈的爱中，在父亲宏大的人类文明格局中，渐渐地放下了对学习的恐惧和焦虑。

铁匠的儿子

　　《爱的教育》中的许多故事都涉及父母和孩子之间的关系。在恩里科的班上有着来自不同社会阶层的小伙伴，其中有一个铁匠的孩子普雷科西。普雷科西非常懂事，学习认真努力，但不幸的是，他有一个和恩里科的爸爸完全不同的爸爸。

　　普雷科西的爸爸没有上过几年学，脾气暴躁，还会酗酒，回到家就喝酒，喝完酒就打孩子。普雷科西长期生活在家暴的阴影中，他带着伤去上学，小伙伴问他："你怎么受伤了？你的作业本为什么被烧掉了？"普雷科西极力地掩饰："是我不小心摔的，是我不小心用火把这个作业本给烧坏了。"

普雷科西和爸爸的关系有一个非常重要的转折。一次，普雷科西考了全班第二名，他的爸爸到学校来接他，普雷科西的老师对他的爸爸说："你的孩子太棒了！你的孩子应该让你骄傲！"他的爸爸开始深深反省："我的孩子这么棒，我有这么好的儿子，他通过努力考了全班第二名，而我平时是这么对他的，他还替我隐瞒。"

这位爸爸发自内心地觉得，自己对儿子有所亏欠，从此以后渐渐地改变。他不再使用暴力，不再喝酒，开始追求上进，到夜校去读书，和普雷科西一起进步。这是一个儿子身体力行，用行动改变爸爸的故事。

佛罗伦萨的小抄写员

爱是双向的。孩子对父母的关心也是《爱的教育》中非常动人的部分。《佛罗伦萨的小小抄写员》深深地打动了我，它讲的是佛罗伦萨的一个孩子是如何通过自己的行动帮助父亲的。

这个孩子名叫朱利奥，已经 12 岁了，上小学五年级。他住在佛罗伦萨，是一个很漂亮的小男孩，他的父亲是一个铁路职员，薪水微薄。作为一个要养活一大家子人的男人，他有很强的责任感，也希望朱利奥能够安心学习，于是他就找了一份兼职，为出版社写订单，在订单上用正规的大字写上订户的姓名和地址。这是一份非常枯燥乏味的、重复性极强的工作，写五百张寄送的订单，才能够获得三个里拉。

朱利奥的爸爸每天都要在深夜加班，结束一天的工作之后，回到家还要伏案一直写到十二点。小朱利奥觉得爸爸太辛苦了，担心爸爸的身体健康，他是家中的长子，也想替弟弟妹妹为爸爸分担。他想到了一个办法，每天晚上十二点，当听到自己的闹钟轻轻响起，听到爸爸离开书房的时候，他就会偷偷地起来，然后溜到父亲的书房里头，用爸爸的字体，为爸爸写这些书的订单，就这么一个月一个月地写下去。

其实之前小朱利奥向爸爸提出过要写订单的要求，他说："爸爸，我可以跟你写得一样好。"但是他的父亲严词拒绝了，他说："你应该好好地读书，就像现在这样。"我们中国的爸爸妈妈也一样，常对孩子说，"你什么都不用管，读好书就可以了"。爸爸拒绝了朱利奥，但是朱利奥想为爸爸做事，于是他就开始了夜间小小抄写员的工作。

一个月过去了，爸爸很高兴，在吃饭的时候还向朱利奥炫耀："朱利奥啊，你爸爸还行！昨天晚上的两小时里，我干的活儿比从前多出三分之一。看来，我的手脚还麻利，眼睛嘛也还能对付！"看到爸爸很自豪，觉得自己更年轻了，小朱利奥发自内心地替爸爸高兴。

但是随着时间的推移，两个月、三个月的时间过去了，就出问题了。朱利奥每天都大晚上起来工作很长时间，精力不够了。他上课开始打瞌睡，学习内容听不进去，上学心不在焉。他是一个勤奋的孩子，回家做作业的时候却睡着了。当爸爸看到这样的情况的时候，就非常着急，也和朱利奥谈话。

当孩子有一个异常的行为，父母很容易从反对、批评的角度看待。爸爸对朱利奥非常失望。他不理解，朱利奥原来是那样一个勤奋的孩子，今天为什么变成了这样？他认为朱利奥根本就不能体会爸爸的苦心，自己每天晚上工作这么晚，打两份工，为了什么？就是要朱利奥和兄弟姐妹好好学习，朱利奥不好好学习，他觉得他做的一切都白费了。朱利奥很委屈。

朱利奥的妈妈提醒爸爸，孩子是不是生病了。他的爸爸却认为不用管他，他们应该放弃这孩子了，朱利奥应该发生了非常重大的转变，不再是以前的那个朱利奥了。我们可以想想，朱利奥听到爸爸这样的反应，他有多么伤心。但是就是这样一个 12 岁的孩子，在压力之下，在不被理解，甚至是被误解的状况下，仍然持续地在夜间帮爸爸抄写。

直到有一天晚上，爸爸深夜回到了卧室，他又来到了爸爸的书桌，非常认真地伏案写订单，可是爸爸听到声音之后醒了，默默地站在朱利奥的身旁，他看到了一切，他明白了孩子这几个月来为什么渐渐消瘦，为什么会注意力涣散，为什么会学习成绩下降。爸爸都懂了，他抱住自己的孩子，说："爸爸错了。"他真诚地向自己的孩子道歉。

然后他把妈妈叫起来，说："我们有一个像天使一样的孩子。"

那天晚上，朱利奥获得了爸爸最大的疼爱，就是陪着他睡觉，爸爸把朱利奥抱到了卧室。朱利奥已经很累了，他很快入睡，当第二天醒来的时候，爸爸还在他的身旁，额头枕在床边，爸爸一夜陪着自己的孩子。

这个故事好像稀松平常，用最简单的语言讲述生活中平常的事情，却充满爱，充满父亲对孩子的爱、母亲对孩子的爱。更难得的是孩子对父亲的理解，这就是爱的教育。这就是亚米契斯了不起的地方，这就是亚米契斯用平白的语言传递出的爱。

同窗之爱

我的同学科雷蒂

有一天，恩里科早早地做完了作业，散步来到附近的科雷蒂家。科雷蒂正在忙着给一个装柴火的大货车卸货，卸完货之后科雷蒂跟老板说："老板，爸爸晚上会回来，你到这儿来取钱就可以了。"他像一个成熟的经营者，说完之后回到了自己的小店，坐在小板凳上做作业。恩里科看到这一幕，深深被震撼：自己有独立的房间写作业，科雷蒂却没有，科雷蒂要在这样的环境中写作业。

科里恩进了店铺，跟科雷蒂说："我到你这儿来玩，来参观一下你们家，可以吧？"科雷蒂非常高兴，此时有顾客来了，他一边做生意，一边和恩里科说着今天的学习情况，背今天的新单词，讨论着今天的数学题。说着的时候，又一辆马车来了，他要忙着卸货。不仅如此，科雷蒂的奶奶生病了，他还负责给奶奶端药送水，一个人忙得团团转。恩里科看到自己的同学需要争分夺秒才能学习，他发自内心地敬佩。他在自己的日记里写道："科雷蒂比我要强几十倍，我一定要好好地学习，向科雷蒂学习。"

许多父母让孩子除了学习，其余的事情都不用在意，只要认真学习就行了。这是不是一个好的成长方式？我们要不要让孩子参与家务劳动，让他们参与大人的生活？这是《爱的教育》给我们的一个反思。

烧炭工人和绅士

学校是一个可以让不同社会阶层、不同家庭背景的孩子一起学习、玩耍的地方，他们在其中产生交流，并且收获成长。科恩里班上有一个特别骄傲的孩子诺比斯，他来自一个非常有教养的绅士家庭，他的爸爸是都灵当地有地位的乡绅。

诺比斯在所有孩子面前都表现出一种优越感：你们什么都没见过，你们什么都没吃过。我是公子哥，你们看我穿得多得体，我是小绅士。只要别人和他坐到一起，他就会挪一挪，觉得同桌会把自己的衣服弄脏。他是这样一个傲慢的孩子。

贝蒂是一个烧炭工人的孩子。有一天，诺比斯和贝蒂发生了口角，于是诺比斯说："你为什么这么跟我说话？你凭什么跟我坐得这么近？你爸爸是干什么的？你爸爸是烧炭工人。我爸爸是干什么的？我爸爸是有头有脸的议员。你爸爸是个'叫花子'。"贝蒂听到这些话后便愣住了，他从来没有受到过这样的羞辱，眼泪夺眶而出。贝蒂把这件事情告诉了老师，老师并没有马上做出反应，他说会跟家长沟通。

贝蒂回家把这件事告诉了爸爸，第二天一大早，他来学校送贝蒂上学，并跟老师说起孩子们的冲突。此时，诺比斯的爸爸也来到学校，他是一个绅士，非常威严，穿着非常得体，留着大胡子，而贝蒂的爸爸其貌不扬，个子很矮，形成了鲜明的对比。所有人的目光都投向了诺比斯的爸爸，等待着他的反应。

诺比斯的爸爸紧紧地拽住了诺比斯的胳膊，把他推到贝蒂的面前，对他说："快说对不起！"他对自己的儿子说："赶快向你的同学道歉，说'请你原谅，我说了一个无知的、不理智的人说的不正确的话，侮辱了你的父亲，如果你的父亲同意，我的父亲会和他握手致歉，并且为此感到非常荣幸。'"

烧炭工人在旁边做了一个手势，说："先生不用了，孩子之间我们只要让他们知道这件事情错了，就可以了。"可是绅士坚持说："一定要道歉！"他那个高傲的儿子，平时用鼻孔看别人的儿子，现在不得不低下高傲的头，垂着眼睛，吞吞吐吐地说出了刚才父亲的那段话："请……请你原谅我，我说了一个无知的、不理智的人说的不正确的话，侮辱了你的父亲。如果……如果你的父亲同意，我的父亲会和他握手致歉，并且为此感到非常荣幸。"

然后，这位绅士伸出手和烧炭工握手，他们的手紧紧地握在一起。然后烧炭工把他儿子推了一把，让两个孩子紧紧地拥抱在一起。而且这位绅士转头，对老师说："从今以后，能不能让这两个孩子坐在一起，我希望他们能够是朋友。"向别人真诚地道歉的人，才是真正的绅士。这难道不是爱的教育吗？

在现今社会中，孩子之间的冲撞常常演变成家长之间的冲突，但是在亚米契斯的笔下，这位绅士的反应为所有的家长树立了一个榜样，我们不能让孩子之间的矛盾延续到家长这里，家长的反应恰恰是孩子们最好的表率。

家长们离开之后，老师在讲台上对孩子们说："孩子们，今天你们看到的事情要牢牢记住，这是本学期你们上的最好的一课。"

有的时候，孩子会问我们为什么一定要到学校里去上学。长大后，在学校里学到的知识可能会被忘记，而真正的教育就是经历岁月涤荡，离开校园后还留在身上的那些东西。

吵架

恩里科和他最好的朋友科雷蒂是同桌，他们因为一点小事而发生了矛盾。恩里科不小心把一滴墨水滴到了科雷蒂的书本上，科雷蒂生气了。

一阵争执后两个男孩决定课后"约架"。下课后，两人走出教室，恩里科摆出架势，看样子想要重拳出击。这个时候，科雷蒂做了一件很棒的事，他说："恩里科，我们是好朋友，我们不要再争吵了，好不好？我们能不能不打架，还做好朋友？"当听到科雷蒂这么说的时候，恩里科好像有一点不好意思了，他说："可以，我们不再打架了。"

恩里科回家后把这件事告诉爸爸，爸爸说："今天这件事，你错在先。虽然你不是故意地把墨汁弄到了科雷蒂的作业本上，但我觉得你应该先道歉。"恩里科当时心里想的是：我道歉不是很没面子吗？但是爸爸告诉他，能够先道歉的那个人，更值得表扬。这就是爱的教育，爸爸告诉他们应该怎样面对一次争吵，解决一个矛盾。

体操课

怎样看待比自己弱小的孩子，这是孩子重要的一课。内利的妈妈因为孩子要上体育课十分忐忑，她甚至跟校长说："能不能让我的孩子不要上体育课？他马上要上体操课了，要爬很高很高的杆子。我的孩子是个驼背，他会被所有的孩子嘲笑，他会变成所有孩子眼中的笑柄的。"内利却很有骨气，他说："妈妈，我愿意上体育课，我不愿意和别的孩子不一样。"作为一个妈妈，你会尊重孩子的选择吗？那天，内利的妈妈选择了远远地看着自己有一点驼背的孩子去上体操课。

体操课开展了爬横杆的游戏，孩子们要直直地爬上去，爬到一个横杆上。动作灵活的孩子像猴子一样爬到横杆，而这对内利来说是一个几乎不可能完成的任务。他不断爬上去，又滑下来，但体育老师和所有孩子都在鼓励内利爬上去。

这个身体有缺陷的瘦弱男孩，在大家的鼓励下，一次又一次地尝试，最终碰到了横杆。滑下来的那一刻，所有人都去拥抱内利，为他鼓掌。学校不是一个让孩子们一次又一次感受到挫折的地方，学校是要让孩子们有成就的地方，就算受挫，就算犯错，最终也会收获成长。这是学校应该给孩子的，这是爱的教育。能够站在旁边为别人鼓掌的孩子，他们很棒，这也是爱的教育。

我们能从这些孩子身上学到什么呢？其实现在许多家长都因为择校问题有着各种各样的焦虑，家长希望把家庭条件、背景相似的孩子聚到一所学校里，甚至非常畸形地催生了"学区房"这种匪夷所思的东西。

恩里科的爸爸的一句话深深地印在我的心中，他说："一个只让自己的孩子和同阶层的孩子相处的人，就像是一个只读一本书的学者一样，他永远不会知道这个世界的全貌。"只有来自不同地方的人在一起，这个世界才是真实的。学校就应该还原这样一个真实社会的样子，让孩子渐渐地走向社会，变成一个独立的人。这是学校的重要的功能，这是爱的教育。

师生之爱

二年级时教过我的女老师

《爱的教育》不仅仅是写给孩子、父母的，更是写给老师的。恩里科在他的生命里遇到的不同的老师，虽然在书中只是一笔带过，却给读者留下了深刻的印象。比如恩里科在刚刚开学的时候，他在走道上遇到了二年级教过自己的女老师，这位女老师看着恩里科的眼睛说："我可记得你哪科成绩比较好，哪科成绩比较差。你现在已经是四年级的孩子了，老师现在不能够再教你了，我很遗憾。但是老师一直会关注你的成绩，你可不要忘记老师哦！"就是这句话让恩里科非常感动，恩里科觉得她就如同母亲，不仅从来不大声地批评任何一个孩子，而且会记住每一个孩子的名字，会在这个孩子毕业以后继续关注他的成绩。甚至他看到过有很多高中毕业生会回到学校来看她。她会利用自己的休息时间，带孩子们走进博物馆。

《爱的教育》中的重要角色就是老师，老师和学生之间的关系，师生之爱，浸润在这本充满了爱意的小说当中。

我们的班主任

恩里科在上四年级时迎来了新的班主任，这位班主任不苟言笑，可没有之前那位女老师的温柔，他非常严厉。

在开学第一课的时候，班级里最调皮的小泥瓦匠又开始做鬼脸了。他在班主任进门之后，对着所有的同学做了一个"兔子"脸，把同学们逗得哄堂大笑。老师板着脸，但是没说：你为什么要做这样的鬼脸，为什么在我说话的时候逗得大家哄堂大笑。

老师并没有严厉地批评小泥瓦匠，只是告诉他："在课堂上，你不应该在老师说话的时候，做这样的表情。但是老师觉得，你是一个很有趣的孩子，你刚才的鬼脸我看了也想笑。"这位严肃的班主任向小泥瓦匠说了这句话，小泥瓦匠当时愣了一下。

直到放学的时候，小泥瓦匠才向班主任说："老师，对不起，我今天做了一件不应该做的事情。"然后班主任摸摸他的头，说："没关系，玩去吧。"

老师对一个孩子恩威并用，其实更多的是一种关心和宽容。在开学第一课上，班主任对同学们说了一句让人感动的话："我没有亲人，你们就是我的亲人。"其他老师都下班后，班主任还在班上巡视，继续工作，这是一个全心全意投入教学的老师。

师生之间的感情让爱的教育充满了温暖，孩子在学校学习如何融入社会，学会社会的规则，学会宽容，学会道歉，学会不去嫉妒，学会去帮助别人，也是这本书令人感到温馨的地方。

每一个孩子在和老师相处时，都在学习社会的边界，都在学习自己身上应该要具有的美好的品质。包括那些小英雄的故事，也都在教会孩子们怎么热爱自己的祖国，怎么热爱脚下的土地，怎么勇敢，怎么合作，怎么赢得胜利。

社会之爱

不幸的事件

马车小英雄是个三年级的孩子，他在上学的第一天看到一个一年级的小朋友愣在路中间，一辆马车向小朋友飞驰过来，于是他扑了过去，把小朋友拉过来，但是他自己的腿被马车给轧伤了。从那以后，他很长时间都需要拄着拐杖。

那一天，小英雄的妈妈失声痛哭，但是她又发自内心地为自己的孩子能够做这件见义勇为的事情感到骄傲。那一天，所有的孩子都在向马车小英雄行注目礼。而且很多女人去亲吻了这个孩子，仿佛他是一个小天使。

马戏团的小艺人

在都灵这个小镇热闹的事情不多，所有的公共活动都在一个广场上进行。一个周末，这里来了一个马戏团。那时，马戏团还是非常重要的一个娱乐活动，就像现在的好莱坞大片要上演了，是很重要的公众文化活动。

这次来的马戏团一开始没有得到大家的关注，他们有马戏、小丑表演、魔术，但是去看的人少，门可罗雀。恩里科的爸爸看过他们的演出，他觉得马戏团里有一个孩子扮演的小丑十分可爱。

他和"小丑"聊过几句，觉得他这么小，却有这么高超的技巧，表现力这么强，是值得向大家推荐的。于是爸爸就和恩里科商量："我们能够为这个马戏团做点什么事呢？"他们商量好为马戏团写一篇报道，向当地的报纸投稿。在一百多年前，一个城镇当地的报纸影响很大，居民都能看见。恩里科的爸爸为马戏团报道，说马戏团里的小丑非常有意思，建议大家一起来看马戏团精彩的小艺人表演，他是一个小天才。文章发表后，都灵的居民都对马戏团的表演趋之若鹜，大家带着自己的孩子，全家结伴，如同参与盛事般地观看表演。

恩里科的爸爸和恩里科坐在马戏团，看着因为自己的帮助，马戏团的演出受到大家的喜爱，他们的辛苦工作得到了回报，父子相视一笑。

　　这位父亲教会孩子努力地向他人伸出援手，并因为帮助他人而获得了巨大的快乐。恩里科的父亲身体力行，用身教胜过了所有的言传。

教育是终生的事业

　　《爱的教育》中有太多感人的故事，挂一漏万，我只说了其中的可能非常小的一个部分。但是那些打动我的瞬间，以及作为一个父亲、一个教育工作者能够感受到的：关于如何理解孩子；关于我们如何感恩；关于我们如何与他人合作；关于我们如何平等地对待所有人……这些似乎已经被我们忘记的品质，都在我的心底，被爱的教育所唤醒。

　　距离《爱的教育》首次出版已经过了一百多年，其中包含的许多问题，今天我们还在寻找这些问题的答案，比如什么是真正的教育？我们到底要一个什么样的孩子？在孩子的一生当中，教育究竟扮演着怎样的角色？

　　透过亚米契斯一个又一个隽永的故事，我看到家庭教育、学校教育和社会教育，在不同的层面塑造和改变一个人。在这样的环境下，长大后的恩里科一定是一个有爱心、有责任感、能够平等对待不同的人，一个爱国、敬业、感恩的人。

这本书的意大利文版的名字叫《心》。教育是一个终生的事业，一个关于人的事业。没有爱，就没有教育，而没有心，也就不会有人。在我们离开学校漫长的时间里，那些真正留在我们心里的东西，才是教育留给我们最有养分的东西。

第3节　儿童友好与善意养育

李小萌解读《你好，小孩》

可能很多人都觉得，养育孩子就是父母或家庭的事。但是，当我用十年时间把我的孩子渐渐养大后，我发现教育并不是靠一对父母或一个家庭就能顺利完成的事。当你的孩子从家庭逐渐走向学校、社会以及更广阔的世界，除了感受到父母、家庭对待他的态度之外，他还会感知到整个社会、世界给予他的是一个什么样的态度，这决定着未来他将以什么样的态度对待他人、回馈社会。这一整套关系，其实包含了孩子与自我、与他人、与社会、与世界的多重关系。你的孩子不只是你的孩子，他也是这个社会的孩子；别人的孩子也不只是别人的孩子，他们还是你的孩子未来的社会伙伴。

所以，在成长过程中，如果孩子能够从与父母、家庭、学校和社会的种种关系中获得很多的爱、友好、尊重和善意，那么他反馈给他人、给这个社会的，也一定是满满的善意。这是一个良性循环。

我结合了自己的养育经历与采访过程中积累的经验，写了一本书，名为《你好，小孩》，本节内容也围绕这本书展开。接下来，我将从孩子成长的五个关键维度——自我、父母、家庭、学校、社会，介绍"儿童友好"和"善意养育"两个概念。在养育孩子过程中，我们要让孩子感受到父母、家庭、学校与社会的友好和善意，从"家长式管教"向"合作式养育"转变，把对孩子的尊重放在重要位置上，开启一种全新的良性家庭模式。在这个基础之上，我们才能运用合理的教育方法，帮助孩子获得精神独立与天赋自由，感受到这个世界给予他的满满的爱与善意。

友好小孩，成就最棒的自己

如果我问：幸福人生的密码是什么？有的人可能会回答：拥有财富、名誉、地位……但是，拥有这些是不是就能拥有幸福的人生呢？我认为不是。在我看来，幸福最重要的是爱自己、发现自己的天赋，知道自己在这个社会和这个世界中的位置，并能够用自己的视角观察或改变这个世界。这才是最重要的。

所以，"儿童友好"的第一步，是帮助孩子学会爱自己、对自己友好。这种友好不是吃好、喝好、玩好，而是建立与内心自我的良好关系，获得精神独立与天赋自由。

我在山区采访时，在那里见到过很多父母常年外出工作，平时与祖辈一起生活的孩子。在他们的学校里，我也看到了很多孩子写的作文，教室内墙上贴着的高分作文通常都是"苦情式"的，充满对父母的想念。但是有一次，我在这些孩子中发现了一个眼睛亮亮的男孩，就走过去问他："你爸爸妈妈也在外地工作吗？"他点点头。我指着墙上的作文，又问他："你写的作文也是这样吗？"他摇摇头，我很好奇地问他为什么，他告诉我："因为我知道爸爸妈妈在干什么。每个假期，爸爸妈妈都会把我接到他们在上海工作的地方，带我出去玩，参观博物馆，还一起拍照。"我又问他："那你希望他们辞掉工作回来陪你吗？"他说："不，爸爸告诉我，我们各自努力，他们负责挣钱，我负责好好学习。"

这件事让我印象很深刻，也让我意识到孩子内心的安全感与强大对于成长多么重要。每个孩子在成长过程中都多多少少地会遇到困难和不如意的事情，如果想获得安全感，变得内心强大，孩子就要学会爱自己，而爱自己的前提是先要得到父母的爱。即使父母不能时刻陪伴在孩子身边，也要能够让孩子在心里觉得自己是被爱、被重视的。只有爱才能真正驱动孩子成长，发掘出自己的内在价值。

爱是驱动孩子成长最大的力量

儿童心理学专家艾莉森·高普尼克在《园丁与木匠》一书中说，来自发展心理学的育儿建议就是：关注你的孩子，并爱他们。

很多人可能觉得这都是"空话""鸡汤"，父母哪有不爱自己孩子的呢？但我觉得，绝大部分父母对于"爱"的理解都会体现在各种养育的细节中，比如怎么让孩子吃好、穿好，怎么让孩子听话、有礼貌，怎么让孩子上个好学校，等等。可是如果不弄清做父母的本质究竟是什么，很有可能会越努力错得越多。

那么，父母的本质是什么呢？父母给予孩子最有营养的爱又是什么样的呢？

我曾经跟某新闻媒体合作录制过一期节目，在录制节目时，我认识了一位湖北的妈妈。她有一个儿子，在儿子 18 岁以前，她一直在家乡陪伴孩子，直到孩子考上大学，这期间家中开销全都靠她的丈夫一个人在外地务工，生活比较拮据。

我问她："您觉得陪伴在孩子身边，最重要的是要做什么？"

她毫不犹豫地告诉我："我主要照顾他的情绪，负责让他开心。他高考时，我就逗他笑，让他发泄情绪，给他解压，绝不跟他说'妈妈以后就靠你了'这类话。他唱歌爱跑调，我知道邻居们能听到，但我不许他们说他，因为我知道他唱歌是在减压。"

你看，理解孩子的压力，照顾孩子的情绪，这就是一种出于本能的爱与善意。对孩子的爱与善意并不需要我们读多少育儿书、听多少专家课，它就是一种本能。但正是这种本能，滋养了孩子最初的生命底色，给予了他们最强大的内在力量。

也有家长不认同这种教育方式，他们觉得对孩子严格要求，"打磨"孩子，才能让孩子成才。如果现在自己不"打磨"孩子，那么以后他到社会上就会被别人"打磨"。在这种心态下，很多家长在陪孩子学习、写作业时经常大吼大叫，孩子稍微犯点错，就会严厉地体罚孩子。

我个人并不认同这种教育方式，原因在于，严格甚至专制的教育方式只能培养出低自尊的孩子，让他们觉得自己不如其他孩子，这种低认同感会给孩子造成很大的童年创伤，甚至可能会影响孩子一生。

让孩子远离童年创伤

心理咨询师黄仕明说：一个人尊严感、身份感的一道防线就是自己的身体。侵犯身体，是对一个人身份感的巨大打击。身体的界线是一个人自我认知中最牢固、最强的一个界线。

当你在体罚孩子时，就像在告诉孩子：在这个世界上，我怎么对你都是可以的，你没有权利反抗。这就是在无意识地贬低孩子的身份感。不论你是出于什么原因体罚孩子，对孩子来说都与友好和善意相背离。

那么，当孩子犯了错，我们该怎么做呢？难道放任不管吗？

当然不是。如果你想让孩子吸取教训，主动做出改变，就要用更有效的方法代替体罚。这里分享一种比较有效的方法："设定有效限制"。它的关键是同理心，简单来说，就是我们先承认孩子的感受和需求，让孩子说出自己的愿望，给孩子一个选择，用做游戏的口吻要求孩子配合，以行动捍卫你的边界，邀请孩子与你共商双赢的解决方案。

比如，孩子在写作业，弟弟在一旁哭闹，孩子可能就会对弟弟大吼大叫，让弟弟哭得更凶了。这时，有的父母马上就会斥责孩子："不要对着弟弟大喊大叫，你看他哭得更厉害了！你哪有当哥哥的样子！"这种批评方式会让孩子更加愤怒，甚至对弟弟产生恨意。

但是，如果你善于利用同理心，对孩子说："我知道弟弟哭声让你很难受，我也难受。不过你大声吼他，只会让他哭得更厉害。"

先理解孩子的感受，再进行善意的提醒，指出孩子行为上的问题，才不会激起孩子的愤怒。如果你只用打骂来管教孩子，对孩子进行人身攻击，只会事与愿违，不但不能让孩子改正错误，还可能让孩子的内心很受伤，对你产生怨恨。如果经常如此，孩子的自我评价就会慢慢降低，认为真的是自己不够好、太差劲，才会不断遭到父母的批评、责骂，这对孩子的伤害是很大的。

教育从来不是父母与孩子之间的较量，而更多的是父母与自己内心恐惧、不安的搏斗。如果父母能放下焦虑，放下对孩子过高的期待，多给予孩子发自内心本能的爱，尊重和理解孩子的感受，就能让孩子少一些伤害和自我贬低，对自己多一些友好和认同。这对于孩子来说，才是一份恰如其分的爱。

友好父母，成就幸福的孩子

　　一个人与父母、家庭的关系，就是他与整个世界的关系的最初投射。尤其是与父母的关系，更是直接影响到孩子对这个世界的感知。如果父母在养育孩子的过程中，能够与孩子建立亲密、融洽的亲子关系，用温柔、善意和充满爱的方式与孩子沟通，孩子就会有更多的幸福感，以及来自外界的温度与能量，对世界也会充满友好和善意。

　　但是，现在很多家庭中最常见的一种养育模式是：焦虑的妈妈、缺位的爸爸、失控的孩子。很多妈妈从怀孕起，就铆足劲儿要做个完美妈妈，我当初也是如此。我们想用最科学的育儿理念、最好的家庭氛围、最强的学习资源、最完美的母爱，来为孩子的一生保驾护航。可是很快你会发现，你的内心开始被各种各样的焦虑和隐忧充斥，很容易陷入自我怀疑的困境。

　　当妈妈在努力学习，成为"全能妈妈""一百分妈妈"的同时，一些爸爸却借着各种各样的原因缺席了孩子的成长。或者即使陪在孩子身边，爱护着孩子，也因为不擅长表达自己，不好意思展现自己的爱，出现了困惑和焦虑。

我们怎样才能成为合格的父母，与孩子建立亲密的关系，给予孩子真正友好的、充满善意的养育呢？

我认为，妈妈其实不必做一百分的妈妈，六十分就足够；而爸爸也不一定做一百分的爸爸，要求自己事无巨细地照顾孩子，但一定要起到对孩子的引领作用，为孩子做个好榜样。

妈妈做到六十分就足够

英国精神分析学家温尼科特有一个著名理论——"goo-enough mother"。这个理论很早时被翻译为"足够好的妈妈"，甚至是"一百分妈妈"，但其实温尼科特的原意是：做妈妈，足够好就行了，不需要一百分。现在，这句话就被翻译为"做六十分的妈妈"。而当你不再执着于成为完美的"一百分妈妈"，主动降低目标到"六十分"时，你的孩子就多出了四十分的自我成长空间，这就让孩子获得了很多做自己，以及学会与他人相处的机会。

我女儿前几天跟我说，她不喜欢别人说她是"李小萌的女儿"，我问她为什么，她说："因为我就是我自己呀！"

在那一刻我相信，女儿在心中是完全属于她自己的，这让我感到很欣慰。其实做六十分妈妈，就是要区分社会对孩子的评价和对父母的评价，父母的角色只是孩子人生中的一个阶段性角色，不可能凌驾于孩子的人生之上。即使是亲子关系，也需要与其他社会关系产生联结，才具有真实的生命力。如果一个人因为父母的过度保护、干涉而不能做自己，那么生活对他来说就毫无价值。

有的妈妈可能会担心，这样会不会太纵容孩子，不利于孩子成长？

其实，做"六十分妈妈"并不是不管孩子，而是有策略地管。我在书中举了一个例子：我的一个女同事，从小就是学霸，但她弟弟是个"学渣"，一直活在她的光环下。高三那年，她弟弟怎么都不愿参加高考，要直接去找工作。他们的妈妈刚开始也极力劝说，后来见拗不过，忽然就想通了，答应了儿子的要求，但让他写了一个字据："我自愿放弃高考，与妈妈无关。"工作几年后，他感到了低学历给自己带来的障碍，苦笑着说都怪自己，随后痛下决心，继续学习，从大专一路读到在职研究生。

我认为这位妈妈就很了不起，她没有要求自己做到一百分，而是给了孩子自己选择、承担责任的机会。虽然这期间孩子吃了很多苦，但也让他实实在在地活出了自己的人生。

作为父母，不要过分插手孩子的生活，或代替他做本该由他自己来做的事情。养育本就是一个不断寻找平衡的过程，过度的干涉、保护和代劳都不可取，倒不如把那四十分的自我成长机会还给孩子，这既能让你获得一份舒适的亲子关系，又不会剥夺孩子自由成长的机会。

爸爸要对孩子起到引领作用

有了孩子，就能自然地意识到自己已经成为妈妈或爸爸了吗？

对于这个问题，爸爸和妈妈的答案往往相差甚远。大部分妈妈在怀孕过程中就完成了角色认知，孩子出生后，她们也很自然地过渡到妈妈的角色。但很多爸爸做不到这点，所以在最初照顾孩子时，他们可能做得并不到位，这也是有"丧偶式育儿""缺位的爸爸"之说的主要原因。

事实上，父亲的角色是多维而复杂的，即使作为孩子的照料者，也有别于母亲，承担着沟通、支持、鼓励、回应等更多教养类的职责。最关键的是，要对孩子的成长起到引领作用。我在做《你好爸爸》这档节目时，本意是想让爸爸们反思自己的教育方式，但当我跟上百位爸爸沟通后，发现其实爸爸的功能跟妈妈的有明显区别。尤其在孩子面对困难或遇到一些比较重要的时刻时，妈妈通常更擅长陪伴、安慰，但有时收效甚微，而这时候，爸爸往往能"一战成功"。这时，男性的引领作用和决断力便以一种无所畏惧的气概显现出来。

我在书中举了复旦大学教授钱文忠先生的一个例子。钱文忠的父亲一辈子几乎没有表扬过他，更别说陪伴和教育了，但钱文忠先生仍然认为自己的父亲是称职的。当年钱文忠考大学时，选择的是不好就业的历史专业，当时大家都反对他，包括他的妈妈，而钱爸爸却说："只要儿子能考上，以后没工作我养他。"这件事让钱文忠记忆深刻，他说，当孩子遇到困难，不断向后退缩时，退到最后发现有一堵墙挡住了他，这堵墙就应该是父亲。

在养育过程中，爸爸的优势可能不在于做家务、事无巨细地照顾孩子的饮食起居等方面，而在于发挥"父性优势"，从另一个角度为妈妈的养育做补充。

蒙特利尔大学丹尼尔·帕克特教授认为，有一个词可以贴切地形容爸爸与孩子之间的依恋关系，就是"激活"关系。他认为，妈妈与孩子之间的关系更多是抚慰，而爸爸与孩子之间的关系，则在引领孩子走向世界的部分表现更为突出。良好的父子/父女关系，有助于激发和唤起孩子的积极情绪，帮助孩子超越极限，勇敢地面对危险，在陌生的环境中无所畏惧，敢于独立生存。与母亲带来的陪伴、抚慰相比，父亲的方式何尝不是一种特殊的善意养育呢？

养育孩子的过程从来不存在唯一"对"的标准，妈妈可以是温柔的、细心的，但也不要因此就责备爸爸不能时刻陪在孩子身边。如果爸爸精力有限，只要在孩子的一些重大时刻"在场"，给予孩子最大的支持和理解，引领他们走向宽阔的人生，同样能与孩子建立有效连接，给予孩子充足的安全感和力量感，这也是一种很好的养育方式。父亲角色和母亲角色本身就是有分工的，这两种角色与孩子之间不同的关系，对于孩子的成长都起着重要作用。

友好家庭，成就健康的孩子

以前，家庭成员之间的关系更多是利他的，很多人会为了家庭做出巨大的付出和牺牲，尤其会为了孩子放弃自己的工作和事业。现如今，家庭必须留出更多的个人空间，利己需求变得直接和顺理成章。在这种变化下，孩子的养育就需要家庭成员的多边合作。这种合作既包括父母之间的合作，也包括父母与孩子之间的合作，还包括与长辈之间的合作，虽然没有契约上的约束，但大家仍然需要有共同的目标和统一的认识，以及相互依赖的合作氛围。

父母之间要积极合作

著名心理学家李子勋曾说：孩子的一半来自父亲，另一半来自母亲。孩子内心最大的渴望，就是与父母连接的归属感，那是超越一切的渴望。如果孩子与其中一方连接有缺陷，就会让孩子感到不安、空虚、遗憾。而最令孩子难以忍受的，是父母其中一方否定另一方，这等于无意识中否定了孩子的另一半。孩子会因此产生自我否定或逆反式否定，造成心理上的分裂。

那么，父母要怎样合作呢？

第一，彼此之间学会表达爱。

有这样一句话：爸爸对孩子最好的爱，就是好好疼爱孩子的妈妈；妈妈对孩子最好的爱，就是欣赏并推崇孩子的爸爸。

　　爸爸平时多体谅妈妈照顾孩子的辛苦，多与妈妈共同分担养育孩子的具体工作。同时，妈妈也要多在孩子面前表示对爸爸的欣赏。以我自己为例，我经常会跟女儿说，她身上的很多优点分别来自爸爸和妈妈，比如，她的善于表达像妈妈，但逻辑思维强就很像爸爸。这样是让女儿知道，她的到来是得到爸爸妈妈两个人的祝福和付出的，是因为爱才浇灌出她这朵美丽而宝贵的生命之花。

　　第二，能够看到对方的优点。

　　父母在孩子面前，不但要经常称赞孩子的优点，还要称赞伴侣的优点。比如，我们可以经常这样对孩子表达："宝贝，你知道出门帮奶奶拎东西，和爸爸一样孝顺。""你把书桌收拾得这么干净，跟妈妈一样做事有条理。"通过这种方式，孩子不但能与父母建立更好的正向连接，还会让孩子对父母更有善意，对家庭更有归属感。

　　第三，父母要做彼此的"替补队员"。

　　中国双薪家庭中，妈妈照顾孩子、承担家务的工作量往往更多。当然，也有一些妈妈过分操心、挑剔，或者控制感过强，无意中也打击了爸爸照顾孩子、分担家务的积极性。这种情况下，妈妈要学会放手，鼓励爸爸去带孩子。在爸爸带孩子时，妈妈尽量不要干涉，以增加爸爸带孩子的积极性。即使爸爸一开始做得不够好，多做几次，自然就能找到更好的处理办法了。

　　养育孩子是一件很辛苦的事，想把这件事做好，就需要父母之间通力合作，互相成为对方的"替补队员"。这种合作受益的不仅仅是父母双方，更重要的是孩子，因为父母身体力行地教会了孩子平等、互助、合作，对另一半充满信任、欣赏与善意，这对孩子以后的人际交往、恋爱、婚姻等，都会产生积极的影响。

父母要把孩子当成合作者

心理学专家赵旭东曾说，近年来，他在自己的临床病例中发现，青少年自伤案例成倍增长。有的孩子来找他咨询，胳膊上都是自己用裁纸刀划的划痕。而孩子出现这些行为，有些并不是真的想轻生，只是因为家长把他们盯得太紧、管得太严了，孩子是想通过这种自伤的方式，在密不透风的生活中让自己"清醒"。

这种现象令人心痛！怎样才能既能避免这种情况出现呢？

父母只是孩子来到这个世界的一座桥梁，在孩子成年前给予帮助和扶持，但最终孩子还是要独立完成自己的人生。所以，我们应该与孩子相互依赖、相互合作，唯有这样，我们才能有机会与孩子建立良性的亲子关系，帮助孩子达成他的使命。

要实现与孩子之间的合作，父母在面对日常事务时应一直秉持平等的原则，充分尊重孩子的见解和期待，给孩子时间和空间，激活孩子的动力、潜力与创造力，让孩子最大限度地发挥自己的聪明才智。在建立合作之后，即使孩子出现问题，我们也能和孩子站在一起、共同面对。

当然，能否与孩子实现良好的合作，关键还取决于你如何看待孩子。如果你认为孩子天生就该像大人那样懂事，经常对孩子说："你怎么还是不明白！""你就是不听话！""看看人家某某，多懂事！"那么孩子是很难跟你合作的。在合作时，父母应该带着平等的心态，用倾听代替指导、用提问代替倡议、用回应代替回答等一系列沟通技巧，让孩子感受到父母的关心和善意，从而坦然、自然地做自己。

长辈应把家庭主场让给小两口

有一次，我参加了一次主题为"重男轻女的爷爷"的谈话节目，节目中请来的是一家三代：爷爷奶奶、爸爸妈妈和两个孩子。这两个孩子是姐弟俩，其中，姐姐一出生就交给了爷爷奶奶带，弟弟则是在父母身边长到四岁，才由爷爷奶奶来带的。我发现，姐姐每次看爷爷时都显得很紧张、很委屈，而弟弟则一副毫不在意的样子。孩子的父母认为，爷爷重男轻女，经常打骂姐姐，但爷爷说，弟弟淘气时，自己也会打他，怎么能说他重男轻女呢？

对孩子打骂肯定是不对的，但我认为更严重的问题是：在这个家庭中父母有所缺位。姐姐一出生就交由长辈照顾，在她最需要建立安全感和与父母间的依恋关系时，父母不在身边，还经常遭到爷爷的打骂，这就导致了姐姐的敏感脆弱，缺乏安全感；而弟弟在父母身边生活四年，建立了较好的安全依恋，再面对爷爷的打骂时，他的安全感、抗压性也更好。

《必要的丧失》一书中提到：在生命的最初阶段，尤其是六岁以前，如果我们太长时间离开我们需要并渴望的母亲，就会在情感上受到伤害，而且这种伤害很可能是永久的。

所以，案例中姐姐出现的问题，根源并不在于爷爷的重男轻女，而在于父母忽视了对孩子的陪伴和关爱。这也提醒那些家中由长辈帮忙照顾孩子的年轻父母，要想让孩子健康成长，就一定要承担起自己作为父母的责任，同时长辈也要把家庭主场让给小两口。具体来说，父母与长辈之间要确认养育界限，分工合作。这里跟大家分享三点：

第一，学会制定规则，尊重界限。

在家庭中，长辈养育孩子的原则应是：负责爱，不负责教。比如，长辈只负责照顾孩子的日常起居，但教育孩子的问题要由父母来决定，长辈不要干涉。当然，父母也要积极承担起教育孩子的责任，不要事事都推给长辈。为了避免矛盾，你可以提前与长辈约定好，把"丑话"说在前面。既然都是为了孩子好，合作就是最好的方式。

第二，遇到问题时，要学会沟通和表达。

如果长辈比较开明，愿意接受新事物，你要多与他们分享科学的养育方法，而不是断然否定他们。但若非涉及养育原则的问题，你也要尽量多包容，并尽可能地站在长辈的角度思考如何与他们沟通，争取长辈的理解和支持。

第三，把自己能做的做好。

如果长辈确实干涉过多，那你就把自己该为孩子做的事情做好，在孩子与你单独相处时，按照你的方式来教育他。孩子在长辈身边时，你不必为他们的教育方式而烦恼，自己尽力就好，也要相信孩子的成长能力。随着孩子的长大，有了自主意识，他自然会选择接受自己认同的一方的意见。

总之，在家庭关系中，父母之间、父母与长辈之间，对孩子的教育出现分歧都是很正常的，关键在于，家庭成员之间要多理解、多包容，多沟通，只有都抱着合作的心态，才能最大限度地磨平分歧，从而让孩子感受到家人之间的友好、和睦与善意，帮助孩子建立儿童友好的核心认知。

友好学校，成就优秀的孩子

一般来说，孩子到三岁左右就要上幼儿园了，这是孩子第一次与父母、家庭分离。从此以后，孩子就要逐渐适应家庭之外的生活，开始了更加自由成长的旅程。

如果说孩子终将从家庭走向社会，那么学校就是中转地、演练场。从孩子进入幼儿园第一天起，父母便逐渐有了各种各样的焦虑，比如，有的父母觉得自己的孩子太弱小，害怕别的孩子欺负他，每天提心吊胆的。其实大可不必，孩子要获得真正的成长，就必须通过实践去了解世界，通过与人合作、分享、争执、化解矛盾等，一点点学会如何应付外面的世界，解决自己遇到的问题。

与孩子能不能适应学校生活相比，父母还有两个更焦虑的问题。一个是孩子在学校里与老师的相处情况，另一个是家长如何与老师打交道。

遇到好老师是孩子的幸运

孩子进入一所学校后，父母最期待的事情之一就是孩子能遇到一个好老师。

那么，什么样的老师是好老师呢？

第一，好老师不会给孩子随便贴标签，尤其会谨慎地使用负面评价。

于丹老师给我讲过一个"问题小孩"的故事。

有个一年级的男孩，上课时总是坐不住，注意力也难以集中，很多老师都给他贴了个标签——多动症。但是，他幸运地遇到了一位好班主任。

有一天，班主任正在讲课，男孩站起来就往外走，班主任叫住他，问他为什么走，他说："因为你讲课太难听了。"这时，班主任不但没生气，还对着全班同学说："你们看，他特别棒，没有编造一个理由，而是敢于说出自己的真实想法。来，现在请你来给大家讲五分钟课吧。"这个男孩就真的上去讲了，班主任还带动大家一起为他鼓掌。

就这样，班主任一直教了这个男孩五年，到五年级时，男孩突然"开窍"，成了"学霸"，各科成绩都非常好。他之前之所以坐不住，不过是因为个体差异，心智尚未成熟到能够控制自己遵守纪律而已。

当然，故事不一定要孩子成为"学霸"才完美，但如果老师能够尊重孩子的发展规律，充满善意、耐心地对待孩子，给予孩子恰如其分的教育，那么给孩子带来的可能就是影响一生的改变和力量。

第二，好老师会谨慎地引入竞争机制。

很多老师都相信竞争的效果，但其实孩子在 16 岁以前，并不适合承担太多的竞争压力，甚至无法正确理解竞争的意义。个体心理学创始人阿德勒在《自卑与超越》一书中提到，学校过分强化了孩子之间的竞争意识而非合作意识，不管孩子们在竞争中处于领先还是落后地位，这都会让他们过度关注自身而罔顾他人。即使那些在竞争中领先的孩子，也会因为只关心自己而难以为社会做出杰出的贡献。

一个孩子的优势不仅体现在学习上，还体现在很多方面，如正直善良、有创造力、有同理心、懂得合作等。老师应该看到孩子身上不同的优势，同时引导孩子认识到自己和他人的优势，鼓励孩子学会合作，而不是让孩子之间以成绩论输赢、优劣。

有一段时间，我女儿不想去上游泳课，我很着急，就把这种情况反映给了她的游泳老师。老师对我说："可能你们给她的评价太多，她太想要做好了。但跟别人一比，她发现自己又游得比较慢，就会很焦虑，想要放弃。你们应该多鼓励她跟自己比，看到自己的进步。"我听后特别感动。的确，当孩子跟自己比，为自己鼓掌，学会看到自己的进步时，他们的内心才会更积极、更自信。

第三，好老师不会把纪律当成管教的目的。

现在，很多学校仍然用死板的管教方式来要求孩子，很多老师对待孩子的态度也并不友好。比如有一次，我去一所小学采访，到那时正赶上课间操，孩子们站到操场上准备做操。体育老师拿着麦克风站在队伍前面，用非常情绪化的语气喊着："一班的那个同学，站直了！""二班的，不准再说话了，把手放在裤线上！"孩子们小脸都绷得紧紧的，毫无生气地站在那里。

虽然当前要实现个性化教育还很难，但学校和老师不能因为现实的困难就忘记事物本来的面貌，忘记教育本身的意义。纪律只是一种管教孩子的手段，并不是目的。孩子的成长需要爱、鼓励和信心，需要感受到周围人的善意，尤其是学校和老师的善意。如果教育让孩子感受不到友好和善意，那么纪律再好、再严明，也是舍本逐末。

做高自尊的父母

父母要想帮助孩子更好地适应学校，就要理解学校的教学目标和实际困难，对自己的孩子有明确的养育风格和诉求，积极与老师平等交流，永远支持自己的孩子，尽量避免和老师一同站在孩子的对立面，维护好孩子的自尊心。

这里分享以下三点建议：

第一，积极关注孩子的情绪，一旦发现孩子情绪低落或有反常行为，要及时与学校沟通，不要错过最佳处理时间。

第二，周围的教育环境越不理想，越要关注孩子、善待孩子、好好爱孩子。

第三，在决定介入孩子的学校生活之前，先征求孩子的意见，并与孩子沟通你准备怎么做，保护孩子的知情权。

总之，对于教育孩子这件事，家长首先要在心里有一些明确而坚定的价值判断，这样在与老师相处和沟通的过程中，才不至于唯命是从或刚愎自用，影响孩子与学校、老师之间的关系。

友好社会，成就友好的孩子

现在，很多人看到一个在公众场所跑跑跳跳、大声喧哗、精力充沛的孩子，就会称其为"熊孩子"，并且"熊孩子"这个称呼越来越带着批评、讨伐甚至仇恨的意味。

确实，人类社会有着各种成文或不成文的行为规范，在什么场合要说什么话、做什么事，但任何人都不是生下来就什么都会的，而是在不断学习、试探、互动、试错中一点点认识规范的。孩子的社会化程度相对较低，没有习得相应的行为规范，当他们的行为打破了这些规范时，就会给人一种"熊"的感觉。可是也正因为孩子尚未习得相应的行为规范，我们才更应该带着更多的善意、友好和包容来对待他们，让他们对社会形成最初的良好印象，继而带着爱、信心与美好的期望去面对自己未来的人生。

对待"熊孩子"，多一些宽容

一个一两岁的孩子在公共场合哭闹，大人怎么哄也哄不好，遇到这种情况，你会怎么办？

很多人可能会感到厌烦，对孩子的父母冷眼相待，殊不知，面对一个用语言无法沟通和控制的孩子，父母已经心急如焚了。此时，我们如果能多一些宽容，少一些指责，就算是给予已经手忙脚乱的父母最大的理解了。而如果孩子已经到了懂得基本礼仪的年龄，仍然打扰到了你，孩子的父母也没有采取制止的措施，这时，你可以用温和的方式表达你的态度，比如告诉孩子："你这样会吵到阿姨哦！可以小声一点吗？"或者跟他的父母沟通："请您让孩子小声一点好吗？"如果孩子看到自己和父母在社会上能够被这样温柔对待，他也能慢慢学会该怎么与人相处，去适应外面的社会。

还有这样一个故事：在高铁上，一个人用手机拍下了坐在他前座的一个小朋友的行为，这个小朋友当时正伸出肉乎乎的小手，拔拍摄者的腿毛。小朋友明显还很小，不知道这种行为不好，也没有意识到腿毛的主人正在拍摄他。这条视频在网上收获了大量的转发和评论，但几乎没有人对这个"熊孩子"口诛笔伐，更多的是暖心、友爱和忍俊不禁。

希望更多的人能够用一种充满友爱的心态看待儿童，而不是只要稍微有点淘气或出格表现时，就用"三岁看大"的口气对他们做出评判。而当这些孩子感受到社会上更多的友爱和善意后，他们也会更加爱自己所生活的社会，愿意去为社会付出，做出更多的贡献。

帮孩子在社会规范中建立导航

几年前，我们曾专门组织孩子去参观了一次法院，一群五六岁的小孩子旁听了一次酒驾审判。审判结束后，审判长就走到听审席跟孩子们愉快地互动，笑着跟孩子们聊天。孩子们还在那里吃了午餐，模拟了一次法庭审判。

这个活动的意义是什么呢？我认为就是让孩子更加全面地了解社会中温情的一面。不管是严肃的法官，还是"吓人"的警察，或者是孩子们害怕的给自己打针的医生，他们都不是一个可怕的符号，而是能给孩子带来安全、解除痛苦的保护者。我们就是希望孩子在自己走出家门后，能够相信社会系统是支持和保护他们安全前行的。他们需要先有这样的心态，才能摆正自己在社会上的地位，以及未来如何贡献自己的价值。

　　我曾看过一个新闻，一个小男孩被监控拍到，好像蹭坏了一辆车，车主找到男孩家。男孩爸爸为了息事宁人，就主动赔了钱。但是，办案民警却用了三天时间，看了几十小时的监控录像，最后认定，这个小男孩是被冤枉的。后来有人问这位民警，为什么要费劲去做这件事？他说，如果这个孩子被冤枉了，那对他的负面影响可能就是一生的。

　　我们每一个生活在社会上的人，不论我们职业是什么、身份是什么，都可以成为善意养育的参与者。在面对一个孩子的某些行为时，如果能稍微控制一下自己的言行，对孩子多一份包容和善意，对孩子来说都可能是一件影响至深的事。

　　总之，教育从来都不是父母、家庭、学校、社会与孩子之间的对抗，而是彼此之间的相互合作与相互成就。我们给予孩子爱、陪伴、宽容、友好、善意，与此同时，孩子也会回馈给我们更多的美好，为社会创造更多的价值。这，不就是一场充满了爱与友好的双向奔赴吗？

第四章

让孩子掌握自己人生的方向盘

随着时代的发展，越来越多的父母开始接纳孩子独特的个性，不再为了自己年少时的梦想逼迫孩子走上一条不适合他的路，也不再因为自己的执念自私地为孩子做一切决定。

将孩子作为独立的个体来对待，是新父母的正确心态。只有明确边界，尊重个性，自我调整，沟通一致，才能让教育发挥最大效能。

第 1 节　在远远的背后带领

安心解读《在远远的背后带领》

本节为大家介绍我所写的一本书，名为《在远远的背后带领》。

在与樊登老师对谈的时候，他曾问我这本书的名字有什么深意。出版一本书的过程中，选哪个书名往往是至关重要的，当时出版社的编辑提供了许多书名方案，我都不太满意。

直到有一天，我问自己：养育孩子到底应该用怎样的方式？在回顾了自己养育孩子的过程和十几年来与各位父母打交道的过程后，我发现，但凡父母把自己放在主导的位置，希望自己引领孩子，教育就很容易出现问题，父母也更容易焦头烂额；而当父母愿意置身其后，观察孩子，跟随孩子，同时和孩子保持连接，这样的养育姿态反倒能让养育孩子的过程变得轻松。

突然，我的内心就冒出了一句话：父母虽然要带领孩子，但是要在远远的背后带领。我立刻把这个想法发给编辑，我们很快就确定了这个书名——在远远的背后带领。

父母不要站在孩子面前对孩子指手画脚，不必让孩子遵照自己的要求和期望成长，而要退至孩子身后，给孩子自由成长的空间，让孩子成为自己人生的主角，同时又与孩子保持连接，给予孩子支持。这才是最好的带领。

在生活中，很多父母容易走入两个极端，要么想完全控制孩子，要求孩子按照自己的想法做事，使得父母和孩子都很累，相处得也不愉快；另一类父母选择"放养"，完全放弃带领孩子，放任孩子的不当行为，也没有对孩子的价值观做出引导，使得孩子变得没有规矩。如果父母只是简单化地处理亲子关系，很容易走入这两个极端。但如果能够做到"在远远的背后带领"，就能帮助孩子更好地成长。

其实这种教育方式在教育界广受认同，还有着相应的课程，叫作 P.E.T.（父母效能训练），它所传递的理念就是父母要在与孩子的沟通中建立界限感，不去评判孩子的对与错，鼓励关系中的各方自己负起责任，不要产生攻击性。接下来，我们就从不越界、不评判、负责任、无伤害、一致性五个方面分享，到底要怎样在孩子的背后带领，才能让孩子成为最好的自己，发挥更大的潜能。

不越界：与孩子建立界限

"界限"这个词总是给人一种冰冷的感觉，似乎你是你、我是我，彼此是有距离的。为了不让亲密的家人之间产生这种"界限感"，大家都在刻意维护着彼此的"亲密关系"。比如，长辈给你夹菜时，你明明不喜欢吃，却不好意思拒绝；孩子明明说自己吃饱了，父母却认为他没吃饱，非要再让他吃一碗；妈妈让你多穿件衣服，你明明不冷，却为了不伤她的心，只好多穿一件。凡此种种，总被赋予"爱"的名义，一旦被关心的那一方想反抗时，身边就会传来一个声音："这是因为爱你啊！"暗示他理应接受。其实这些都属于越界行为，即使亲人之间也不例外。

那么，怎样才算是不越界呢？

面对孩子，要尊重他的独立性，信任他，不要剥夺他的成长机会，不要妨碍他发展自己面对问题的能力，要意识到有些事是他自己的事，耐心地做一个陪伴者和倾听者即可。

同时，父母也要尊重自己的独立性，收回对孩子的过高期待，学会对自己的人生负责。当孩子侵犯了你的界限时，你要做的不是评判和指责孩子的行为，而是坦诚地与孩子主动沟通。

关于不越界，这里介绍以下三条原则。

尊重与孩子的界限

很多父母与孩子相处时都很缺乏界限感，比如，有的父母看到孩子自己穿衣服很慢时，就会上去直接帮孩子穿好；觉得孩子很可爱，不管孩子是否同意，就去捏一下他的小脸蛋；为了逗弄孩子而对孩子说，"有弟弟后，妈妈就不爱你了"；在给孩子换衣服时，边换边对孩子说"羞羞"，等等。这些都是缺乏界限的表现，也是对孩子不够尊重的表现。

孩子如果具有反抗能力，能够反抗父母的这些操控和越界行为，他也许能在这样的"荆棘"中长出自己的模样。但大多数孩子都会在挣扎中屈服，渐渐失去自我，关闭自己的感受，甚至放弃自己的梦想，活成了大人期待中的样子。

想要与孩子彼此界限分明地生活，首先就要知道如何找到问题的归属。很多人看到某个人不开心，就会下意识地认为是自己影响了他，觉得"都是因为我，他才会这样"。有了这样的心理魔咒，出于防备，他们又会演变出另一种想法——"都是因为你"。

比如，孩子考试成绩不好，可能父母的第一反应就是："都是因为我没照顾好他，没好好关心他的学习。"当这种想法让父母感到很痛苦时，就会产生另一个反应："都是因为这孩子太贪玩，太不懂事了，他才考得这么差！"于是，父母跟孩子之间就会因为这件事产生矛盾。

其实，孩子的一些问题可能与父母有关，但大多数时候是与父母无关的。就算与父母有关，此刻被困扰的人也不是父母，而是孩子，是孩子处在"问题区"，是孩子有困扰。我们只有先找到问题的归属，分辨出这是谁的问题区，才能选择适当的方法与孩子沟通。

谁的麻烦，谁来解决

讨论问题的归属，其实与评判好坏、对错无关。沟通的本质不在于讨论谁对谁错，而在于尊重彼此，坦诚相告，共同面对当下的情况，寻求帮助或者给予帮助。

这里介绍一个概念，叫作"面质性我信息"，意思是当他人的行为干扰到我们时，我们要向对方描述这一行为带给我们的感受及影响。

比如，孩子看电视时把声音开得很大，影响了正在休息的父母。这时父母就进入了问题区，可以向孩子发送面质性我信息。这时可能会产生两种结果。

第一种结果是孩子也意识到电视声音太大了，主动调小了声音，这种情况自始至终都只有父母处于问题区，孩子并未进入问题区。

第二种结果是孩子开始抗拒，与父母发生了冲突，双方都进入问题区。如果孩子只是抗拒，父母可以倾听孩子，让孩子表达自己，再次发送面质性我信息；如果是需求冲突，比如孩子必须放很大声才能听到，那就需要另外的方法来处理了。

在这种情况下，处于问题区的孩子虽然没有给父母带来具体的影响，却触动了父母内在的情绪。这时，父母可能会选择几种不同的处理方法。

选择一，直接朝孩子发脾气，说："你已经看很久了，怎么还要看起来没完没了！"这时孩子就受了委屈。

选择二，孩子处于问题区，需要父母的倾听和陪伴，而不是让本身就处于情绪中的孩子再受父母情绪的干扰。作为父母，你要觉察到自己的情绪与孩子无关，可以先把自己的情绪搁置，继续倾听孩子，之后再去处理自己的情绪。

选择三，当你的感受比较强烈，无法继续倾听时，可以选择先表达面质性我信息，但重点是表达自己的感受，而非责备孩子。比如，对孩子说："你的电视声吵得我头痛，我听不清你在说什么。"然后倾听孩子的表达，再对孩子说："我们让你把声音调小，你觉得调小就听不见了，感到很着急，是吗？"

选择四，父母情绪高涨，甚至无法倾听孩子的想法，此时最好先找个房间处理一下自己的情绪，调整好后再来倾听孩子的想法。

以上几种处理方式都在提醒，如果孩子遇到麻烦，父母可以做个协助者；如果是自己的问题，就要学会为自己的情绪负责，而不是把自己的情绪投射到孩子身上，让孩子承担父母压抑的情绪或伤痛。如果是双方共同的问题，那就一起来面对和解决。这才是父母与孩子之间良好的界限。

相信孩子的自我修复力

有一次，我带着妹妹的孩子小满格去参加工作坊，三岁的小满格开心、快乐又自在的模样，几乎俘获了全场人的心。其实小满格以前并不是这样，她也曾害怕冲突，会跟小朋友抢玩具，面对陌生人会哭，但我的妹妹总是会尽全力地接纳她的各种情绪，并且告诉对方，我的孩子还需要一点时间。正因为这种无条件的爱，让孩子逐渐走出谨小慎微的状态，变得越来越有力量。

面对成长过程中的矛盾和冲突，孩子是有自我修复能力的，只要父母不把自己的焦虑和恐惧投射到孩子身上，相信孩子自身的应对能力，孩子内在本能的智慧就会指引他进行自发性地自我修复。

孩子进行自我修复的方法一般有三种。

第一，表达和倾诉。这是婴幼儿早期的自我修复机制，如果父母能允许和接纳孩子表达感受，孩子的情绪就能自由流动，自我构建就有了坚硬的基石。

第二，游戏和故事。孩子经常会通过游戏，或者一些与自己情绪有关的故事，来释放自己的各种情绪，进行自我修复。比如有的孩子怕打针，他就喜欢听一些与打针有关的故事，以此缓解对打针的恐惧。如果父母能经常借此机会，配合孩子进行这类游戏或讲故事，就能协助孩子进行自我修复。

第三，角色扮演。当孩子面对一个新环境时，比如幼儿园，他们感到恐惧、不安、焦虑是很正常的事，父母可以与孩子玩一些角色扮演游戏，由父母来扮演孩子，让孩子扮演幼儿园的老师，在游戏过程中，孩子就能释放出面对幼儿园、面对陌生的老师和同学时的那种不安情绪。

婴幼儿阶段是一个人人生中非常重要和关键的时期，在这个阶段，如果孩子被允许表达自己的感受，被看见、被理解，与父母建立联结，他就能不断构建真正的、独立的自我，并且有足够的空间去发展自我修复能力，借此发展自己的内在力量。

不评判：善于倾听孩子的表达

在很多时候，让孩子发生改变的并非评判，而是接纳。当你停止对孩子进行评判时，就会看到更多真相，发现问题的真正答案，给予孩子更多的理解。

但是，很多家长习惯于对孩子的行为进行评判，其中最常见的评判就是"不乖"，但是我认为，其实没有不乖这回事。孩子不是真的不乖，也不存在所谓的行为偏差，存在的只有大人还未了解的真相和孩子一些未被满足的需求，这些需求可能是安全需求，也可能是生理需求或其他需求。而当你对孩子进行评判时，就忽略了孩子的这些内在需求，并且是带着不平等和不尊重的。

怎么做才是不评判呢？我认为答案就在于倾听。只有倾听孩子的表达，才能给予孩子同频的回应，孩子处于问题区时，最需要的就是同频的回应。

我呼你应，便是倾听

倾听就是把自己的频道调到与孩子相同的频道上。父母要先在心态上做到不评判，接纳孩子当下的状态，理解孩子的感受，再描述事实，表达孩子可能有的感受。

比如，孩子跟父母说数学题好难，父母最好不要说："上小学就觉得题难，上了高中怎么办？"可以简单地回应孩子："是的，是挺难的。"这样就足够了。

当孩子被倾听、被看见后，他们通常会改变行为或重新做出选择，而不是执着于原来的选择或想法。

问题是用来了解的，而不只是解决

通常当孩子出现一些我们难以接受或理解的行为时，我们总会急着去告诉孩子对错与好坏，又或者下意识地否定孩子当时的状况，从而错过一个深入了解孩子的机会，也让某些真相石沉大海，成为孩子不被看见的委屈。

比如，孩子的小伙伴想玩他的玩具，但孩子说什么都不让玩。其实孩子本来对这个玩具没什么兴趣，但小伙伴一拿他就立刻要抢回来。妈妈想让孩子学会分享，但说了半天，孩子仍然不肯分享。这时，妈妈该怎么办？

这种情况在很多家庭都发生过，父母往往觉得孩子的这种行为不好、不乖，有时父母出于客套，甚至会直接从孩子手里抢过玩具，拿给另一个孩子玩。但是，父母不妨想一想，倾听一下孩子的想法，为什么他们会出现这种行为？

父母要做的不是急着问怎么办，而是弄清楚发生了什么。只有通过倾听孩子的想法，才能弄清原因，才能知道到底该怎么办。上面案例中的孩子，只是因为他具有了物权意识，觉得所有东西都是"我的"，才会出现不想分享的行为。而物权意识是孩子发展安全感很重要的部分，明白了这一点后，属于孩子的东西如何处置，要不要分享，父母都要尊重孩子。当孩子得到充分的尊重并感觉安全时，自然就会去分享。

可见，通过孩子表面的行为了解孩子更深层的动机或需求，往往比停留在问题表面更有助于解决问题。问题是用来了解的，不只是用来解决的。当真正了解并弄清了问题，才能找到最对症的解决方法。

负责任：每个人都为自己负责

我们经常能看到这样的矛盾行为：很多父母一边责备孩子不够独立自主，一边却在剥夺孩子的自主权。为什么会这样呢？

很多父母习惯替孩子做决定，小到吃喝拉撒，大到孩子的所思所想。于是，孩子渐渐发现，自己不需要为自己负责，反正都是父母说了算。"他人会为我负责"的惯性一旦养成，孩子就会变得依赖他人，这时父母又开始埋怨孩子缺乏自主性了。

孩子是完全独立的个体，作为父母，如果越界为孩子负责任，就是在扼杀孩子的自主性和独立性，阻碍孩子发展自己的力量。虽然美其名曰"负责任"，其实是在控制，这是出于父母的恐惧，而不是孩子的需要。

很多父母混淆了责任与爱，最好的状态是父母爱孩子，责任留给孩子自己承担。而父母也要为自己负责任，当孩子有行为干扰了我们满足自己的需求时，也要负责任地与孩子表达感受和需求，并且积极寻找令双方满意的解决方法。

能自我负责就能自律

父母在教育孩子时，总想运用外部力量来规范孩子的行为，很多时候带着不信任和恐惧，不信任孩子有自我管理能力，害怕孩子会变坏，所以便不停地说教、命令、威胁，甚至使用暴力，或者隐性操控。

孩子需要父母的信任与理解。当孩子被父母信任和理解时，他就会知道为自己负责，继而产生自律行为。应该说，自律的产生，就来自孩子的内在动力。

比如，孩子对妈妈说："妈妈，积木倒了，我不要积木倒掉。"妈妈说："哦，积木倒了，你很难过。"孩子点点头。但是过了一会儿，孩子却说："妈妈，我把积木重新搭起来吧！"

这就是理解和信任的结果。

当然，让孩子自我负责并不意味着放纵孩子，当孩子的行为出现严重的错误，父母也要适时地教育孩子。但这种教育不是直接告诉或命令他该怎么做，而是敞开心扉，坦陈孩子的行为带来的影响，用面质性我信息告诉孩子，哪些行为可以被接受，哪些行为不能被接受，有时态度强硬一些也没关系。如果孩子的行为是完全不能被接受、完全不能再发生的，父母要坚定、强硬、内外一致地表达，重点是要让孩子对自己的行为负起改变的责任。

父母要为自己的情绪负责

父母要积极引导孩子对自己的行为负责，同时，父母也要为自己的情绪负责，这样才能更好地与孩子沟通，表达当下感受，而不是释放压抑的情绪。

这里举一个例子。有一位妈妈说，每当儿子做一些可能受伤的行为时，如拿着玻璃杯跑，把筷子放在嘴里玩时，她就不能平静地跟孩子说话，而是瞬间由担心变为愤怒。

后来，她慢慢去思考自己为什么不能好好跟孩子说话，她意识到，原来她的潜意识认为，即使与孩子说了，孩子也不会听，更不会改变自己的行为。因为她一开始就断定结果不会改变，所以一开口就已经发怒了。

她继续问自己，为什么会断定孩子不会改变自己的行为呢？原因是她认为孩子不会听。而当她再继续思考自己为什么认为孩子不会听时，她马上明白了。这是她长期以来的一个想法，是她在自己幼儿时期就在潜意识中下的一个结论：我说什么，他们（自己的父母）都不会听。

意识到这点后，她明白了，原来是她把自己幼年时期与父母相处的模式投射到了孩子身上，才造成自己总是带着情绪与孩子沟通。从那后，她再与孩子沟通时，便开始尽量避免从前的模式，而是真诚地与孩子沟通。

这位妈妈的情绪转变过程，对于孩子来说是多么幸运！当父母能为自己的情绪负责时，就是在让自己不断成长，让自己更加完整。当我们自己越来越成熟时，才能以生命影响生命，成为孩子的榜样。

无伤害：给予孩子尊重和理解

很多父母经常带着攻击性与孩子相处，比如会对孩子说："你怎么这么笨！""都是因为你！""你再这样我就不管你了。"……殊不知，这些话对于孩子有着巨大的"杀伤力"。心理学上有个词叫"投射性认同"，就是孩子会相信父母的话，最后成为父母说的那个样子。

其实父母可以换一种表达方法，那就是无伤害地表达，把语言中的攻击性去掉，带着尊重和理解的态度与孩子沟通，这样沟通的有效性也会提高。

怎么说才能无伤害

当孩子的一些行为父母无法接纳的时候，需要向孩子发送面质性我信息。如果父母的语言是无伤害的，孩子就愿意调整自己的行为，父母与孩子的关系也不会遭到破坏，孩子也会有所成长，学会为自己的行为负责。

那么，怎么说才是无伤害的呢？

有段时间，我女儿中午放学回家时，经常会带几个同学来玩，快两点她们才出门去上学，而中午这段时间恰好是我的午睡时间。于是，我就跟女儿说："午睡对妈妈很重要，当你们发出很大声音时，妈妈就没办法睡好觉，感觉好苦恼。"女儿想了想，说："那能不能在你午睡时，把你的房门关上，我们也到我的房间，关上房门，这样就不会吵到你了。"

在这段沟通中，我并没有提供任何解决方案，只是如实表达了我的困扰，而孩子主动做出了调整，并且有一次她的朋友在掀开钢琴想要弹时，她赶紧"嘘"了一声，说："我妈妈在睡觉，不要吵到她。"

一条恰当的面质性我信息，呈现的是非责备、无伤害、负责任、一致性的沟通，这就是无伤害性的表达。简而言之，就是直接告诉孩子，他的行为对我们的影响，以及我们的感受。了解自己的行为对他人造成的影响，就会让孩子由内产生一种责任感。而内外一致地表达我们的感受，也让孩子有机会感知和了解他人的需求，而不会变成一个只关注自己需求的人。

对孩子实施零惩罚、零奖赏

很多父母认为，孩子做错了事，就要惩罚；孩子表现好，也应该奖赏。实际上，任何惩罚和奖赏都是父母运用自身权威来操作的，惩罚和奖赏也不过是权威的两种表现形式而已。在使用权威的过程中，短期内可以满足父母的需求，比如打孩子一顿，孩子就听话了，但这只是外部动力促使孩子做出的改变。如果你重视孩子的内在动力和长远发展，就要摒弃权威的使用。

比如，一位女士总是被自己的体重困扰，觉得自己太胖了，怎么都不好看，也不敢去买衣服，但其实她并不胖。当深入了解后才知道，原来在她小时候，每次表现好时，她的妈妈就会奖励她一颗糖。就为了这颗糖，她平时极力地在妈妈面前表现，让自己做得更多、更好，不管自己多完美，都觉得不够。

这就是奖赏教育带来的焦虑，让一个人无法享受当下的美好，仿佛一刻都不能放松。这时，父母对孩子的爱就是有条件的，孩子只有表现好，才会觉得自己值得被爱，否则就不值得。在这种操控下，孩子也无法尽情地欣赏自己原本的样子，只想成为父母期待的样子。

如果你对孩子不惩罚，也不奖赏，那么孩子就会顺应自己的内心成长，无须害怕父母不满意，也无须刻意讨好父母。这样的养育，才能让孩子拥有健康的身心，保持孩子本有的灵性。

孩子需要尊重和理解

网上曾经有一段视频，视频中，孩子从超市偷拿了一块巧克力，爸爸发现后，便拉着孩子到超市道歉。孩子非常羞愧，但爸爸一定要孩子道歉。

你认同这位爸爸的做法吗？

相信很多家长都觉得这位爸爸是"好样的"，却很少有人关注孩子的情绪。视频的孩子感到非常难堪，他甚至一直捂着脸，难过地小声啜泣。我们不妨把自己代入孩子的角色，假如自己被那样对待，会是什么感受？这位爸爸的本意绝非有意羞辱孩子，只是希望孩子记住教训，不要偷东西，却让孩子在那一刻感受到了害怕、惊恐、无助和随之产生的罪恶感，以及面对他人抬不起头的低自我价值感。

其实，这位爸爸完全可以换一种更尊重孩子的做法，比如直接跟孩子表达，自己接受不了孩子这样的行为，然后倾听孩子的想法，跟孩子一起商量该怎么解决此事。在照顾孩子感受的同时，协助孩子把东西还回去。或者跟孩子分享一下，他的做法给超市带来的麻烦和损失，让孩子了解事情的后果。这样，孩子心中产生的将会是责任感，而不是深深的罪恶感。责任感可养人，而罪恶感会毁人。孩子长大后，面对别人的错误，也可能会用同样的方式去指责和攻击对方。

孩子需要尊重和理解，而不是惩戒，无伤害地养育孩子，就是面对孩子的错误，也要用更善意的方法来替代伤害，帮助孩子纠正错误。在父母这里获得了尊重和理解的孩子，才更容易知道对错，并且友善地对待外界。

道歉不需要强迫

对于上面的案例，也许你会说：孩子犯了错，让孩子道歉不是天经地义的吗？但你忘记了，问题不是出在道歉上，而是出在父母不尊重孩子上。很多父母都习惯于站在道德的制高点，理所当然地侵犯孩子的界限，似乎只要孩子说一句"我错了"，自己的教育才是有价值的。

殊不知，不是发自内心的、缺乏诚意的道歉只是一种操控的产物，目的只是让父母自己好过一点。比如，孩子打了人，有的父母宁可不去寻找孩子打人的原因，也要让孩子道歉，因为这样就能消除自己的不安，让大家认为自己并不是不教育孩子。至于孩子在这件事上到底有没有过错，那都不重要。

另外，如果是孩子们之间的矛盾，最好交给孩子们自己处理。如果你非得介入，就从表达自己的感受开始，比如这样跟孩子表达："宝宝，你打了小朋友，他难过地哭了。我想他一定很痛，妈妈看了也很难过。"然后听听孩子怎么说，或观察孩子的肢体语言，弄清孩子打人的原因，帮助孩子表达他想表达的，比如跟孩子说："你也想要这个玩具，那有什么办法能让你们俩一起玩呢？"

让孩子们了解彼此的感受，也启发孩子应对冲突的能力，这才是积极有效的做法。至于要不要道歉，可以等孩子情绪平复后再分享你想要的做法，如："妈妈觉得，把别人打疼了是需要给对方道歉的。"

当然，最好的做法是父母平时对孩子言传身教，活出自己的价值观，成为孩子的榜样。如果你认为孩子必须为做错的事道歉，那么你也要做到真诚地跟他人道歉，言行一致。

一致性：做个坚守初心的父母

父母效能训练中始终向父母倡导一致性沟通，在养育孩子的过程中，一致性就是做真实的父母，承认自己的不完美，承认自己也会犯错，承认自己能够接纳孩子的哪些行为，不能接纳孩子的哪些行为。

一位妈妈发现自己九岁的孩子总是咬手指，多次纠正都无效，在参加了父母效能训练之后，她突然意识到，孩子在六岁以前，她经常对孩子有排斥心理，觉得孩子妨碍了自己。直到近两年，生活逐渐安定下来，她才开始接纳孩子。于是，她就把自己的心路历程一五一十地告诉孩子，让孩子了解自己当初为什么会排斥他，但现在很爱他。让她惊讶和感动的是，那次后，孩子咬手指的问题竟然消失了。

妈妈对孩子不接纳，孩子是能够感受到的，那些不安也一直横亘在他心里。而当妈妈坦诚地与孩子沟通后，孩子的那份不安终于得到了释放，妈妈的真实也带给了孩子安全感。于是，孩子也不再需要通过咬手指来平息自己内心的焦虑了。

这就是父母展现真实的自己，并带着一致性的态度与孩子沟通后，孩子所发生的改变。可以说，父母的反省和行动不但帮助自己与自己达成了和解，更疗愈了孩子，让孩子变得越来越好。

关于一致性，这里再为大家分享两个要点。

无条件养育是邀请，而非要求

《无条件养育》的作者艾尔菲·科恩说，父母给予孩子的爱，不需要任何意义上的回报，它只是一个礼物，是所有孩子都应该得到的礼物。

无条件养育，就是在无条件的爱的基础上衍生的养育行为。简单来说，是父母不怀有任何目的地养育孩子。既然没有目的，那就不会对孩子进行控制和预设；不控制、无预设，就会尊重孩子本来的样子，尊重孩子的独特性，而不是让孩子按照父母的期望去活，或者活出父母曾经想要的样子。孩子能够在自己的世界里尽情地成长，享受属于自己的自由，继而在安全的养育环境下，迸发出自然向上和向善的内在成长动力。这样的孩子，才能成长为他自己。

养育的初心是爱，而非恐惧

关于养育孩子的方法，父母之间也会彼此分享经验，比如有的父母说，孩子在家总是去摸一些危险的东西，如热水、火等，这时有父母就出主意说："你就让他碰一下，他感到危险后，下次就不碰了。"

听起来好有道理。但你有没有想过，孩子停下来不敢再碰的原因是什么？显然是因为恐惧。

在我看来，养育的初心应该是爱，而不是恐惧。要判断一种养育方式是不是适合自己，就要衡量一下，如果你想选择爱，那么你会发现，哭声免疫法、延迟满足需求、自然后果等养育方式的背后，都是出于恐惧。正因为恐惧，你才会通过这些方式对孩子实施隐形的权威和操控。而这些方式，无一例外都是外在的驱动力，即使孩子因此接受了你的要求，也不是发自内心的。

养育孩子原本是件简单的事，就看你在对孩子说话、为孩子做事时是不是出于发自内心的爱。如果是出于爱，那就不会错；但如果这些背后是恐惧、焦虑、担忧等情绪，那么你使用的就是权威，你所调动的也只能是孩子外在的驱动力。孩子听你的话，按照你的期望做事，也只是屈服于你的权威，而不是发自他的本心。

只有当我们做回真实的自己，挣脱错误观念的束缚，才更有能力在无问题区与孩子相处，并且传递给孩子同样的信念，让孩子能够始终坚守初心地成长。

自我调整：改变固有的认知与信念

在这本书的最后一部分，我讲了一些关于自我调整的内容，它其实是让我们学会面对自己压抑或逃避的情绪，审视自己固有的信念，走出错误观念，活在当下。之所以把这部分作为收尾，是因为在引导家长学习养育心态和沟通技巧时，我发现，一开始大家都觉得很好用，但慢慢地，有一部分人就又回到了原位，原因是他们认知层面的东西太牢固了。

那要怎样改变这种认知层面的固有信念呢？

这里分享一个工具，叫作转念。这个工具来自拜伦·凯蒂的《一念之转》，通过转念，我们既可以走出头脑中固有的意识，也可以从过往的限制性信念中解脱。

比如，你认为自己的孩子应该去上个补习班，针对这个念头，你先问自己四个问题：

- 这是真的吗？
- 这对孩子是最好的吗？
- 当你持有这个想法时，你会怎样反应？
- 如果没有这个想法，你会怎样反应？

当你这样深入地剖析这个问题后，你就会挖掘出自己头脑中出现那个念头的根源是什么，它往往源于你自己陷入了自己的角色之中，是因为你内心深处的焦虑、恐惧。而要解决这个问题，就要先从根源上去处理自己的情绪。情绪处理好了，你面对的问题才能真正得到解决。

学会这个方法后，当孩子遇到问题时，我们也可以带着孩子一起转念。比如，如果孩子午睡时说话，被老师请出了休息室，于是第二天哭着不想上幼儿园，他的妈妈应该如何帮助他？

孩子不想上学的原因是害怕这天也会有这样的遭遇。妈妈可以问孩子："你真的认为今天幼儿园还会发生这样让你不开心的事吗？"

在孩子表示肯定之后，妈妈可以继续问："你真的确定还会这样吗？"

这时候孩子可能会自己想一想，然后说："咦，我不说话不就行了嘛，就算旁边的小朋友找我说话，我也不说，老师就不会请我出去了！"

当孩子被念头卡住时，转念就帮助他看到了事实，从而走出了困境。

要注意的是，让孩子进行转念，并不是让孩子放下他的念头或想法，而是带着好奇和尊重的态度，和孩子一起去探索。孩子的某些念头和想法就如同困扰他的情绪一样，只有被看见、被了解、被理解，才有转化的可能。

总而言之，养育孩子是一段与孩子共同成长的旅程，我们首先要做一个负责任的大人，坚定内心，管理情绪，不求完美，但求真实。在此基础上，带着爱的初衷去养育孩子，尊重孩子、理解孩子，明确与孩子之间的界限；对孩子的言行不评判，也不伤害，而是在远远的背后带领。唯有如此，孩子才能自由生长，才能行者无疆。

第 2 节　不管教的勇气

很多家庭经常上演这样的一幕：父母苦口婆心地告诉孩子许多道理，孩子非但不听，还会表现出各种各样令人头疼的问题来，这时父母便忍不住脱口而出："我这都是为你好！"

这话是不是很熟悉？

相信不少父母在自己年少时都听过父母对自己说类似的话。那时的你可能对此不屑一顾，不想按部就班地做父母心目中的"完美小孩"，甚至会故意跟父母对着干。而如今，你很可能在用同样的方法教育自己的孩子，以爱的名义支配自己的孩子。

为什么大量家庭一代又一代都重复着同样的教育方式？为什么你明明并不认同，却依然把父母曾经使用的方法原封不动地用到孩子身上，并希望在你的孩子身上发生奇迹？

很多人在长大后，并不曾深入反思当年父母教育自己的方式是否合适，甚至有些人会认为都怪自己年少无知，没听父母的话，才变成如今的样子。所以，为了让自己的孩子不重蹈覆辙，就会使用上一辈的教育方式，希望孩子比自己当年更"懂事"，不要走自己走过的弯路。但事实上，这种想法是不切实际的。

在《不管教的勇气》这本书中，作者岸见一郎依据人本主义心理学先驱、个体心理学创始人阿尔弗雷德·阿德勒的个体心理学理论，对这种现象进行了分析和解读。他提出了一个观点，认为父母应该用既不批评也不表扬的方式与孩子建立良好的关系，在此基础上，再对孩子进行有效的指导。不过，岸见一郎并不是教父母做个"甩锅侠"、对孩子放任自流，而是认为管教是有边界的，父母应该严守边界，不能越过界限去教育孩子。如果越界了，对孩子的指导效果就会很差，根本达不到帮助孩子成长的目的。本节就来解读一下这本《不管教的勇气》，希望能够对大家有所帮助。

教育的目标是让孩子"自立"

岸见一郎认为，要想教育好孩子，首先需要明确教育的目标，而教育的目标就是让孩子"自立"。

尽管孩子在很小的时候离开父母的帮助根本无法生存，但这种状态不会持续太久，很多时候，孩子的独立期比父母想象中来得更早。如果父母不注意这一点，总认为孩子太小、什么都做不了，孩子就可能会装作无法自立，而对父母过于依靠，结果就会妨碍孩子的正常自立。

当然，孩子自立也是有标准的，需要满足以下三个条件。

1. 能够独立地做出选择。

能够独立地做选择，说明一个人已经成长为自立的人，有了自己的选择标准，也能够去承担自己选择的后果。

为了说明这一点，岸见一郎举了个例子。在他上小学时，放学回家接到了朋友的电话，朋友问他要不要出去玩，因为他从没有单独和朋友出去玩过，于是他去问了妈妈，妈妈对他说："这种事情自己决定就好了。"听了妈妈的话的那一瞬间，他惊喜万分，突然意识到自己长大了，可以自己做选择、做决定了。

"独立地做出选择"听起来容易，做起来却很难，很多人甚至一辈子都做不到这一步。很多人直到七八十岁，内心依然像个尚未自立的孩子，他们会把所有不如意都归咎于外部世界，认为所有的错都与自己无关，一切都是自己被迫的选择。但实际上，任何人的人生都是自己选择的结果。

2. 能够独立判断自己的价值。

有些人无法独立判断自己的价值，得到别人的表扬、赞美就很开心，被人批评就会马上改变自己的言行。这都是无法自立的表现。他们可能从小就经常被成人表扬或批评，并且以此来判断自己的言行或选择是不是对的、有价值的。那些被表扬的行为，他们就认为是对的、有价值的；反之就是错的、无价值的，却从来没有自己独立的判断。

孩子们都喜欢被表扬，不喜欢被批评，为了满足大人的期望，获得更多的表扬，他们就会好好表现。但是，这些好好表现的想法一旦无法达成，比如自己明明做了一件对的事情，却没有得到大人的表扬和赞赏，他们就有可能改变自己的言行，做出一些不好的行为。

3. 摆脱自我中心主义。

孩子小时候需要父母的帮助，但有些孩子即使长大了、能自立了，也依然假装什么都不会，继续理所当然地从身边的人那里获取帮助。这样的孩子就是错误地把自己当成了身边所有人的中心，认为自己是众人关注的焦点，并期望周围的人所做的一切都是为了自己。如果得不到理想的关注，就会想方设法引起他人的关注。有这种想法和行为的人，也代表他还没有自立。

以上三种标准，如果深挖一下就会发现，很多人都会或多或少地表现出一些迹象来，比如有时无法独立地做出选择和判断，喜欢以自我为中心去考虑问题等。如果你不希望孩子未来也出现这些问题，就要运用恰当的方法教育孩子，帮助孩子成为一个自立的人。

对待孩子既不批评也不表扬

为什么父母不应该批评孩子呢？

岸见一郎认为，如果一个人从小到大总是被批评，那么他很可能会成为一个懦弱的人，因为批评不可能真正改变一个人，只会增加他的挫败感。很多孩子在被批评的时候，即使知道自己为什么被批评，也不愿意改变自己的行为，因为他们想借此获得父母的关注。

根据阿德勒的理论，每个孩子在从小到大的成长过程中，都在努力争取一件事，就是让父母关注自己。如果父母从来不关注孩子表现好的言行，孩子就一定会想方设法做一些让父母能够关注他们的事情，比如玩游戏、赌博、打架等。父母的关注是孩子本能的需要，批评也是父母的一种关注。所以，并不是孩子被批评还不停止问题行为，而正因为被批评了，他们才不会停止问题行为。有些孩子被批评后，可能也会暂停问题行为，但也仅仅是因为害怕父母。即使照着父母的话去做了，孩子最终也会为了逃避父母的批评而不去积极做事。

那么，为什么表扬也不行呢？

如果父母经常表扬孩子，并用表扬去驱动一个孩子做事，最后的结果很可能是：得不到表扬的事孩子不肯做，孩子做一件事的衡量标准也变成了是否能够得到表扬、获得奖励。如果没有这些，他就会觉得做事没有动力，这就是表扬可能带来的后果。

那么，父母到底该怎么办呢？难道对孩子听之任之，完全不管吗？当然不是。书中就这个问题给出了以下三点建议。

1.愉快地接纳孩子的真实面。

很多父母总认为孩子经验不足，让人不放心，因此动不动就对孩子的行为横加干涉，不断催促孩子去做事。

实际上，孩子自己的事情本应由他们自己负责。当孩子知道自己所做事情的意义时，他自然就会去做了，而失败的经验恰恰也是孩子成长最好的机会。很多孩子认为听父母的话才去做事就等于"输给了父母"，所以如果父母不停唠叨、催促，反倒会大大降低孩子做事的积极性，催生了孩子和父母对着干的决心，最终害了孩子。

所以，书中提出，父母要调整好自己的心态，愉快地接纳孩子的真实面，不批评、不表扬、不唠叨，并且要意识到：虽然孩子跟自己理想中的样子有差距，但这个孩子是无可替代的、对我们非常重要的人。父母能够愉快地接纳孩子的真实面，孩子才不会被父母左右，勇敢地为自己而活。

2.让孩子自己承担失败的结果。

父母担心孩子，这是很正常的事，但当父母对孩子的期望与孩子自己想要的人生不同时，要懂得尊重孩子的选择，毕竟那是孩子自己的人生。只要不是致命的失败或错误，父母都尽量不要阻止和干涉，否则就转移了本应由孩子自己面对的课题。

很多时候，父母之所以喜欢替孩子做事，干涉孩子的人生，是因为他们认为孩子无力承担失败的责任，不相信孩子可以把自己的人生经营得很好。但岸见一郎认为，决定自己的人生对于孩子来说并不是什么严峻的课题，反而能让孩子感受到被父母信任的幸福。

3. 构建良好的亲子关系。

当孩子的表现不尽如人意时，父母应不批评、不训斥，让孩子自己承担失败的后果，但当孩子表现得好时，如果父母也不表扬、不赞美，是不是意味着对孩子的言行缺少反馈呢？并非如此。

书中提出，当孩子表现出良好的行为时，父母要给出相应的反馈，这种反馈就是对孩子说"谢谢你"。比如，孩子在乘坐飞机时没有吵闹，而是一直安静地待着，我们就可以对孩子说："谢谢你这么安静！"这是一种平等的、带有尊重的沟通，可以让孩子立刻感知到自己做的事是对的，并且还能让孩子获得一定的价值感。当孩子从一件事中获得价值感和对他人的贡献感时，他们就不会再做一些令父母头疼的事，也不再盲目地渴望获得父母的表扬了。

之前我们也提到过，阿德勒在《自卑与超越》一书中指出，一个孩子终生所寻求的就是两种东西：一种是归属感，一种是价值感。其实归属感来自爱，而感谢则会让孩子产生价值感。孩子会感知到自己能够为身边的人带来价值，这样孩子内心也会非常满足和充实。

　　书中还提到了一个家庭教育中普遍存在的问题，就是对孩子进行体罚。岸见一郎的观点是：对孩子的体罚不是教育，只是报复，是父母在报复孩子让自己失望、生气、愤怒的行为，父母只是在发泄自己的不满情绪而已，这对教育毫无意义。所以，面对孩子的一些问题，父母还是要多花些时间教会孩子用语言来表达诉求，解决问题，而不是将自己的愤怒情绪正当化。

帮助孩子成为会学习的孩子

　　学习是父母和孩子都非常关注的事情，很多家长为了孩子学习的事情焦头烂额，还有很多家长常这样劝孩子："你要好好学习，等考上了大学就轻松了。"这其实是对孩子的欺骗和利诱。人生并不会因为考上一所好中学、好大学就从此一帆风顺，这一点父母明明非常清楚，却不对孩子说实话。

　　对此，岸见一郎的观点是：学习是必须由孩子自己来解决的课题，孩子学习不是为任何人而学，谁都无法代替。如果父母经常用欺骗和利诱的方法来督促孩子学习，孩子就不会认识到学习是他自己的事，并且还可能会为了考试结果做出作弊等不良行为。而一旦孩子感觉自己学习跟不上，前途无望时，就可能会彻底放弃自己，觉得反正也考不上大学了，干脆就不学了。这时，孩子的学习问题就会越来越多。

　　怎样引导孩子，才能让孩子意识到学习是自己的事，并且学会学习呢？岸见一郎在书中给出的方法主要有四点。

　　1. 教会孩子感受学习的喜悦。

　　学习的喜悦与是否能通过学习获得有形的回报无关，而纯粹是为了追求和获得知识所带来的快乐。比如，列奥纳多·达·芬奇就是一个能够感知到学习乐趣的人。他跟其他人不一样的地方在于，他纯粹追求知识所带来的快乐，这个知识对他有什么用不重要，但是知不知道这个知识对他来讲很重要，他必须知道它、学会它。

　　父母也要帮助孩子获得这种快乐，当然这个过程可能很辛苦，但父母要有耐心。当孩子真正体会到学习的喜悦和获取新知识的快乐时，即使无人强制，他也会主动学习。

　　2. 引导孩子通过学习奉献社会。

　　对于大部分的孩子来说，不管他们是爱学习还是不爱学习，学习时可能都只会看到眼前的利益，也就是怎么提高成绩，怎么考上大学。但是，这显然不能让孩子形成持久的学习力。

　　想让孩子持之以恒地为学习付出努力，过程可能很辛苦，要让孩子做到也不容易。对此，书中给出的建议是，父母要经常告诉孩子：学习绝不仅是为了自己，也不是为了未来自己可以开豪车、住别墅，而是为了让自己成为一个更好的人，成为一个对社会有价值、有贡献的人。这是父母为了让孩子获得学习方面的贡献感所能做的事情。

阿德勒在《自卑与超越》一书中提出：如果你想超越自卑，唯一正确有效的方法，就是把你的价值与社会价值融合在一起。

教育孩子也是这样，父母只有把孩子的价值和社会价值结合在一起，鼓励孩子奉献社会，孩子才能找到求知的快乐和学习的喜悦。在这个过程中，父母还要注意，不要瞧不起你的孩子，更不要用自身的优越感来贬低孩子的价值，认为孩子不如自己。虽然孩子的知识和经验目前可能的确不如父母，但作为人，孩子和父母是绝对平等的。否则，一旦孩子感觉到父母看不起自己，他也不会再听父母的话，只盼着快点长大离开你、离开这个家。

3. 不要只跟孩子谈学习，而是让孩子产生存在感和价值感。

在孩子看来，开口只谈学习的父母是很烦人的，即使孩子真的遇到问题、需要帮助，也不愿意向这样的父母求助，这对孩子的学习有百害而无一利，因为会让孩子没有存在感。孩子会觉得，自己除学习之外，在家庭中、在父母眼里都是无足轻重的，自己就是学习的工具。家庭的幸福、父母的情绪，完全取决于自己学习成绩的好坏，至于自己怎么样都无关紧要。

在家庭或学校里获得存在感是孩子最基本的心理需求之一，书中举了这样一个例子：一位家长找他咨询，说自己的孩子不好好学习，经常捣乱，做了很多让自己头疼的事。岸见一郎仔细了解后非常吃惊，这个孩子的父母白天都要上班，祖母卧病在床，孩子每天放学回家后都要负责照顾生病的祖母，这是件很了不起的事。当岸见一郎问这位家长，为什么不看到孩子的这些贡献呢？孩子的妈妈却说："但是这孩子不怎么学习呀！"

孩子为家庭做了很多事，却只因为不怎么学习就不断地被父母指责，这会让孩子找不到自己在家庭中的位置和存在感，同样，孩子也难以产生价值感。没有价值感就没有自控力，没有自控力孩子就不会好好学习。为了寻找存在感，孩子可能会故意做一些让父母生气或头疼的事，甚至故意不学习。

因此父母要让孩子明白，他不需要通过故意捣乱的方式吸引父母的注意，因为他不是为了满足父母的期待活着。当然，父母也要多关注孩子表现好的方面，并且多对孩子说"谢谢你"或者"多亏你帮忙做家务，我才能安心工作"等表示感谢的话，让孩子知道自己除了学习之外，还有很多其他的优点和价值。

4. 对孩子表达信任并耐心等待。

如果孩子的学习积极性没有被调动起来，该怎么办呢？

岸见一郎认为，孩子总会学习的。而父母唯一能做的，就是对孩子信任、等待、感谢。有的孩子会早早地爱上学习，有的孩子会较晚才爱上学习，这都没关系，关键是父母要对孩子有耐心，相信孩子可以独立地解决问题。事实上，即使你不相信，孩子日后也必须学会独立地解决问题。唯有对孩子有耐心、有信任，父母才能与孩子构筑良好的亲子关系，孩子也才愿意接受父母关于学习方面的建议。

　　同时，父母还要看到孩子表现出来的一些好的意图，即使孩子做错了事，也要看到错误背后的缘由。比如，孩子故意捣乱，惹你心烦，但可能就是想引起你的关注，这就是好的意图。如果看不到这一点，父母就会表现出对孩子的不信任，而不信任又会引发亲子矛盾，导致孩子再次陷入不好好学习的恶性循环。

　　有的父母可能会对孩子表现出的不好好学习的行为感到焦虑，甚至对着孩子大发脾气。对此，可以先回避孩子，让自己冷静一下。等心情好一些后，再与孩子沟通，比如告诉孩子："如果你在学习方面有什么需要帮忙的，尽管跟我说。"或者说："这么多天以来我看你都在玩游戏，我有些担心，这是我的感受。"让孩子意识到父母对他的关注和担忧，但最终学习这件事还是孩子自己的事，需要孩子自己去克服困难，面对学习。

　　总之，孩子学习不学习都是孩子自己的事，即使因为不学习而导致成绩下滑，责任也只能由孩子自己承担。同样，父母因为孩子的学习问题而产生的焦虑也只能由自己来解决。将自己的焦虑转嫁给孩子，等于让孩子来解决父母的课题，这是不公平的。父母只需要心平气和地陪在孩子身边，就是对孩子最大的帮助了。

给孩子面对人生的勇气

阿德勒有一个重要的观点，那就是任何人都可以做到所有事。虽然很多人都从遗传或才能差异等方面对这一观点进行了批判，但阿德勒关注的问题是：认为自己不行的这种想法会成为伴随一生的固定观念。

如果一个人在很小的时候就被植入"自己不行"的观念，那么他就会认为自己是没有价值的，也无法树立自信，在学习方面缺乏信心，在所有需要由自己解决的课题面前都无法鼓起勇气。

比如，一些家长经常当着孩子的面说"这孩子就是管不住自己""你就是太缺乏自控力""你就是做什么都做不好"……也就是给孩子"贴标签"，久而久之，孩子就会真的认为这些是事实，并且无法改变。以后再遇到问题时，他们也会马上联想到父母的话，继而认为自己就是做不到、做不好，从而缺乏勇气去面对和解决问题，甚至故意回避这些本来该由自己面对的人生课题。

就拿学习来说，这是孩子必须自己去面对和解决的人生课题，但如果孩子感觉很难，不想好好学习，父母就想要干涉，比如批评孩子、给孩子报辅导班等。如此一来，孩子就更找到了不好好学习的借口：因为我没有一对好父母，因为父母逼着我学习，是父母把我变成这个样子，所以我没办法好好学习。也就是说，孩子会借由他人而认为自己没有价值，并逃避自己人生中最重要的责任。

但是，如果你能接受阿德勒的"任何人都可以做到所有事"的观点，并把这种观点和勇气赋予你的孩子，让孩子知道：哪怕生活环境是糟糕的，父母是错误的，我依然可以做到我想做的事情。这也是这本书所特别强调的，教育必须赋予孩子面对人生的勇气。

父母如何赋予孩子这样的勇气呢？书中主要总结出了以下两种方法。

1. 父母要学会把孩子的缺点当成优点看待。

很多父母在跟我沟通时，往往会滔滔不绝地说一大堆孩子的缺点，比如：孩子注意力不集中、做事拖拉、喜欢发脾气等。但如果问他们孩子有哪些优点时，他们想半天也想不出来，似乎孩子一无是处。

岸见一郎也提到了这种现象，对此他认为，这些都是家长在跟他"诉苦"，并且希望得到他的理解，比如期望他能跟他们说"你真是不容易""那一定很辛苦"之类的，那样他们就会非常满足，认为自己之前所做的一切都是正确的，犯错的是孩子。但是，岸见一郎却表示自己绝对不可以这样说，因为一旦他这样说了，就意味着认同了家长的做法，同时也认同了孩子是错误的。而事实上，无论家长有多少抱怨、痛苦，原因都在于他们自己先做错了，把本该由孩子自己解决的问题统统揽到了自己身上，丝毫看不到孩子的努力。这是在博同情，但却一点也不值得同情。

如果家长能够多关注孩子的长处和好的行为，把孩子看成与自己平等的存在，并且心怀尊重地与孩子交流，不但亲子关系能发生极大的变化，自己感觉轻松、愉快，孩子的言行也会朝着越来越好的方向发展。在这个过程中，即使孩子犯了错或者学习成绩不好也没关系，你只需要告诉孩子：下一次好好学习就可以了。并且告诉孩子，他不必认为自己辜负了他人的期待，更没有必要就此消沉或内疚。

作为父母，我们只需要等待孩子的下一次；而作为孩子，他也需要知道，学习绝不是为了满足父母的期待，也不是为了将来出人头地，而是为了自己能够对他人和社会有所贡献。父母一定要理解这一点，并在平日里把这个观念传递给孩子。如果孩子也能很好地理解这一点，就能够激发起自己的学习积极性，并且不再认为学习是一件辛苦的事了。

2. 父母不要帮助孩子走捷径。

阿德勒把朝着更高的目标努力的过程称为是"优越性追求"，但有的人想要有"优越性追求"，自己却不愿意付出努力，总是试图通过轻松的方法或捷径来达到目标，表现出比其他人更优秀。这种做法是非常不可取的。要想让孩子有成绩感和价值感，必须让孩子通过自己的努力去解决问题、获得成就，而不是帮助他们走捷径。他认为：没有经过真正努力而获得的成功会转瞬即逝，并且毫无意义。

岸见一郎还讲了一个自己的例子：在读高中时，他看到老师发的试卷，认为这不是老师自己出的题，于是就到书店去寻找。很快，他就找到了老师出题用的问题集。他当时认为，自己只要不抄答案，只是在做完后对照一下答案，看看自己做得对不对，就不算是作弊。没想到，一看到答案，他就无法控制自己了。虽然自己提前做了一遍，最终他还是把做错的地方对照答案改了过来。更重要的是，第二天被老师提问时，他回答得非常完美，还得到了老师的表扬。而这也意味着，自己以后必须一直做个好学生，获得老师的认可才行。

但是，把获得老师认可当成是学习目的，显然这属于动机不纯，毕竟我们需要的是真正的学习好，而不是"看上去"学习好。所以，如果你本来学习不好，即使通过捷径被人认为学习好，对自己来说也毫无意义。

所以，父母一定要让孩子明白，做事不应该老想走捷径，也不应该只看重结果，否则就会忽略一些最重要的成长过程。要知道，孩子正是在成长的某些弯路上，或是面对一些难题时，才能真正体会到人生是什么样的。当孩子通过自己的努力克服一个个难题时，他们才会更有勇气面对未来更多的挑战。

同样，在面对一些选择时，父母也不要替孩子做决定，即使是孩子明明再努力一些就可以取得好成绩，却不愿意再付出应有的努力的时候，也必须由孩子自己想办法来解决。父母能做的就是：关注眼前这个真实的孩子，而不是拿他与自己理想中的孩子做对比。

因为父母不能决定孩子的人生，孩子必须靠自己的判断来决定人生。在这个过程中，父母和孩子之间可能会出现一些冲突和矛盾，记住，尊重孩子自己的选择和决定。即使是面对孩子要选择的人生道路问题，父母也不应该把自己的理想强加给孩子。没有万无一失的人生，所以，父母也不可以毫无根据地许给孩子一个"充满希望"的未来。

有一次，我与李中莹老师聊天，李老师跟我说的一句话，让我至今都记忆深刻。他说，每一个孩子在人生成长的过程中，都会跟自己的父母有一场战争。在这场战争当中，如果父母赢了，就是悲剧；如果孩子赢了，就是喜剧。

事实也的确如此。如果孩子明明已经有了自己想过的人生，父母却非要把自己的想法强加给孩子，如此一来，孩子就有可能认为自己不被认可，继而产生抵触心理，并且孩子还可能会因为抵触父母而无法冷静思考。因此，作为父母，我们能做的只有帮助孩子靠自己的判断来决定人生。

以上内容就是《不管教的勇气》一书中的主要内容和观点。简而言之，为了孩子的幸福，父母最应该做的就是赋予孩子勇敢面对人生中诸多课题的勇气。只有这样，才能让孩子真正树立面对生活的自信，找到自我价值感和认同感，而孩子的学习等令父母头痛的问题也会迎刃而解。如果让我用一句话总结的话，就是：父母要有不管教的勇气，用尊重、合作和感谢来塑造孩子，赋予孩子面对自己人生的勇气。

第3节　培养成功的孩子

樊登解读《硅谷超级家长课》

在美国硅谷，有一位相当了不起的妈妈，她的三个女儿都是传奇人物。大女儿苏珊·沃西基，是谷歌的高级副总裁，现在是 YouTube 的首席执行官（Chief Executive Officer, CEO），位列 2011 年度"世界百强女性风云榜"第 16 位，于 2019 年被评为"全球科技业最鼓舞人心的领导者"，排名第八；二女儿珍妮特·沃西基走了学术道路，是"富布莱特奖学金"的获得者，现任加州大学旧金山分校教授，长期在非洲从事人类学和艾滋病研究，救助了许多非洲人；小女儿安妮·沃西基，毕业于耶鲁大学，创办了估值数十亿美元的基因检测公司 23andMe，2019 年被评为"全球科技业最鼓舞人心的领导者"，排名第十。

更重要的是，这位了不起的妈妈并不是只教自己的孩子，她还是帕洛阿托高中的老师。她的学生有篮球明星林书豪、美国演员詹姆斯·弗兰科、伦敦大学学院神经科学教授珍妮弗·林登、斯坦福儿童医院儿童心理学家克雷格·沃恩等。乔布斯甚至让自己的孩子从私立学校退学，进入她所在的公立学校，只为让孩子有机会跟着她学习。不少人评价她，"如果有诺贝尔教育奖，应该颁给她"。

她就是被大家称为"硅谷教母"的"美国最酷、最美的母亲"——埃丝特·沃西基。

父母总是有很多的焦虑和压力，担心自己不能给孩子提供最好的教育，担心孩子输在起跑线上，担心孩子在社会中遇到挫折，无法拥有幸福人生。很多父母都希望复制成功家长教育孩子的路径，比如让孩子几点起床、几点吃早餐、接下来再做什么。其实，这种想法的出发点就是错的，因为它把孩子当作一个学习机器，但孩子跟孩子是不一样的，适合其他孩子的方法，未必适合你的孩子。

埃丝特·沃西基的理念非常与众不同，她认为要培养出成功的孩子很简单，只需要掌握五个原则，这与我写的《陪孩子终身成长》中的"三根支柱"异曲同工，越是复杂的东西，越要聚焦简单的抓手。

埃丝特把这五个原则，总结为 TRICK 教养法——Trust（信任）、Respect（尊重）、Independence（独立）、Collaboration（合作）和Kindness（善意），并把这些经验写进了《硅谷超级家长课》中，不过，我更喜欢这本书的英文原名"如何养育成功的人"（How to Raise Successful People）。

如果我们跟孩子之间能够有信任、有尊重，能够允许孩子独立，让他们学会合作，内心充满善意，他们就会非常开放地对待这个世界，会有抱负、有理想、有好奇心，而所谓"成功"，只是早晚的事。

信任：让孩子做自己的 CEO

李小萌老师在《你好，小孩》这本书中提到：我们要做孩子的"副驾驶"，只负责帮孩子看看路，扮演好教练的角色就好。但是真正掌握方向盘、开车的应该是孩子自己。这与埃丝特的观点不谋而合——让孩子做自己的 CEO。

孩子需要学会信任

既然要让孩子做自己人生的 CEO，就要教会他们信任。

怎么培养孩子的信任能力呢？最重要的是父母要信任孩子，从最简单的吃饭、睡觉、购物这样的小事开始做起。我们要相信孩子自己能够吃饭，能够知道自己想吃什么、不想吃什么，不必过于拘泥于孩子必须吃多少青菜，必须吃多少肉，必须喝多少汤。我们不能用吃饭这件事来塑造自己的权威，不尊重、不信任孩子。我们要相信孩子自己能够睡觉，他可能半夜会醒来，也可能会哭两声，但是慢慢地就会适应了，这是他必须经历的过程。我们要相信孩子有一定的理财能力，可以给孩子一点钱，让他来决定用这些钱买什么东西。或者我们在买东西时，可以询问孩子的意见，让他来做决策。孩子会非常认真地思考，因为对于孩子来说，他会觉得"天哪，这么大的一个事交给我来决定了，我要好好想想。"

有一次我带儿子去一所大学里逛，为了锻炼他的方向感，我说："今天我就跟着你走。"他说："我不认识路。"我说："你努力想想咱们从哪儿来的，然后怎么走回去。走错了没关系，我也跟着你，你尽管在前面走，大不了就是多走点路。"然后，他就很认真地找路。

父母要适时给孩子主动尝试、做主的机会，就算绕远走了冤枉路，也是值得的。因为要培养一个人对自己的信任，就不要在意走错路。

孩子撒谎怎么办

我们随时随地都可以展示对孩子的信任，让孩子感受到自身的价值。有的家长可能会担心：如果孩子撒谎该怎么办呢？如果孩子没有那么值得信任呢？

埃丝特是一位高中老师，她一定见过很多撒谎的孩子，也经历过很多孩子撒谎的事件。她给出的答案是：撒谎要分情况来探讨。

第一种是撒谎不严重时。面对孩子撒谎，父母很容易上纲上线地对孩子说："骗人是很严重的事情，你知道什么是骗子吗？你现在撒谎，长大就会成为骗子，你的一辈子就完蛋了。"孩子就会因此感到恐惧，自我价值感不断下降。更重要的是，孩子以后不是不撒谎，而是撒谎后想方设法不被家长和老师发现。所以用恐吓的方法，往往是无效的。

那么，应该怎么办呢？埃丝特在书中举了一个很有意思的例子。

有一次，埃丝特发现某个孩子撒了一个小谎，于是把孩子叫过来故作严肃地说："你被我抓到了。"那个孩子很紧张，局促、不知所措。

埃丝特告诉他，解决这件事的办法就是去商场帮她买一块饼干。原来，这个孩子之所以撒谎，是因为他偷偷去商场玩了，埃丝特以此表示"我知道你做了什么，但是这次我原谅你了"。

惩罚的目的是强化信任，而非收回信任。如果我们把握不好这个度，无论遇见什么事都上纲上线，最后导致的结果就是，孩子有什么事都不会跟我们说，孩子就对我们失去了最基本的信任。

第二种是撒谎严重时。什么是比较严重的情况呢？比如埃丝特提到的，有些孩子背着家长抽烟喝酒、抄袭别人的作业。针对这种比较严重的事情，她会跟孩子严肃地沟通这个行为会造成什么样的影响，最终会导致什么样的后果，但同时也会告诉孩子：我依然会保持对你的信任，我只是希望你对错误的行为进行改正。

整件事的方法和目的就是让孩子知道：老师和父母对这件事很认真，但是并没有因为这件事改变了对你本质的判断，更没有收回对你的信任。

很多时候，我们内心安全感的缺失会迫使我们追求安全性的结果，从而不断地在孩子身上挑毛病，不断地为他预告风险。孩子也会不断地批评自己、反思自己，最终既没有信任自己的勇气，也没有信任他人的能力。

尊重：孩子不是父母的"复制品"

埃丝特的小女儿安妮在耶鲁大学拿到了生物学的学位后，决定当一个专职的保姆。埃丝特知道之后很惊讶，问她："你在大学苦读了四年后，就想当个保姆？你不喜欢生物学了吗？"

很快，安妮真的开始从事保姆的工作，而埃丝特并没有阻止，她想给女儿足够的时间让她想清楚自己真正想要什么。后来，埃丝给安妮推荐了一个招聘会，虽然她并非抱着求职的目的去的，但是遇到了一个有趣的投资人，还获得了一个面试邀约。虽然面试得很顺利，但是安妮还是更喜欢之前的工作，于是拒绝了这份工作邀约。埃丝特虽然知道之后非常生气，但还是告诫自己要尊重她的选择。

　　几周之后，也许是听了朋友们和埃丝特的一些想法，安妮开始怀疑自己是否正确。她又联系了给那家公司，最终获得了这份在瓦伦堡家族的银瑞达生物科技基金的工作，开启了她在华尔街的职业生涯。

　　安妮的事情如果出现在我们大多数家庭里，父母可能早就抓狂了。"我花了那么大的力气供你上学，你就当个保姆？"类似的话可能脱口而出，几乎没有父母可以像埃丝特一样有耐心，尊重孩子的意愿。

　　有一种说法是"孩子是家长的复印件"，但是埃丝特不这样认为。如果简单地把孩子当作自己的复印件，父母就会希望孩子按照父母的思路去发展。但是实际上，孩子未来会发展成什么样子是不能预知的，父母不可能清楚地安排好他将来的发展方向。

　　很多人会轻易地放弃自己的工作，是因为那根本不是自己想要的工作。很多父母根本没有尊重过孩子，仅凭自己的兴趣和经验就给孩子定下了一生的目标，并且认为，做一些保险的选择总比开辟一条全新的道路要好。可是，孩子才是自己人生的主宰。当父母和老师释放了对孩子的尊重和善意后，他们的热情才会被激发出来。然后，我们可以跟孩子讨论什么是更好的生活，如何把他们的天赋发挥出来，如何让他们的生命力被看到。

　　要想获得尊重，首先要学会尊重他人。我们希望得到来自孩子的尊重，但前提是父母要先主动成为尊重他的人。我们是比孩子受过更多教育的、更懂事的人，应该承担更多的责任，并通过言传身教教会孩子。

独立：不做"老虎妈妈"，也不做"熊猫妈妈"

TRICK 教养法的第三个原则是"独立"。我们要让孩子知道，他可以有独立的人格，可以有自己的世界，也可以有自己的选择。

拒绝直升机式育儿

先给大家介绍一位"老虎妈妈"的代表人物——蔡美儿。

蔡美儿是一位华裔女性，是《虎妈战歌》的作者。她有一句振聋发聩的口号："我才不在意那些所谓的善意和尊重，我只要我的女儿得第一。"她习惯通过强硬的手段和吼叫的方法来教育女儿，因为她小时候就是被这样教育的。小时候的她有一次参加比赛得了第二名，父亲却对她说："以后不要让我再经历这样的羞辱。"在父亲的心目中，除了第一名，剩下的都是羞辱。所以现在，她的理念也是这样，最重要的是得第一。

在蔡美儿教她三岁的女儿弹钢琴时，女儿只想用拳头砸钢琴。蔡美儿很沮丧，把家里的后门打开。当时是一个冬天，她让女儿做出选择：要么服从妈妈的要求，要么去门外待着。三岁的女儿考虑了一会儿，宁愿选择在外面待着。

埃丝特无法认同蔡美儿的做法。为什么呢？因为这种方式或许可以让孩子得第一名，但是没有培养出孩子的独立性和对事物的热爱。

如果一个孩子没有独立性，当没有人管他和约束他的时候，他就恢复原样了。如果孩子对事情本身没有热爱，弹钢琴也好，学英语也罢，都没有热爱，只是为了能够得奖，那没有意义。

如何帮助孩子独立地获得这种热情呢？埃丝特告诉大家，从日常小事开始，从睡觉开始，从应对孩子发脾气开始，父母要和孩子制定好规则，也要从内心告诉自己，孩子并没有那么好管。埃丝特和女儿们有一条规则：不允许在公共场合发脾气。

有一次，埃丝特带着珍妮特去商场，珍妮特看上了一个玩具，非要不可。埃丝特不同意买，她就开始尖叫。这种情况之下，很多家长是抓狂的。但是对于埃丝特来说，守住规则更重要。既然说过这件事不行，那就是不行。她最后把孩子带到停车场，告诉她可以继续喊叫，在这里不会打扰到别人。

在日常生活的互动中，我们通过跟孩子达成一致，制定好规则，和孩子一起遵守这些规则来培养孩子的独立性。当然，也可以犯错，犯错之后，按照规则惩罚就好了。不需要过度的惩罚，更不需要过度的伤害。

埃丝特还提到了一个关于坚持和变化的悖论。很多家长喜欢替孩子做决定的原因之一，就是觉得孩子必须得坚持做一些事。我们习惯性地认为坚持代表着毅力，没有毅力，什么事都干不成，所以不管是弹钢琴，还是学英语，都必须把这事坚持下来。

我们只看到了坚持，但是没有看到发展和变化。如果孩子不放弃弹钢琴这件自己不喜欢做的事，那么如何接触到自己真正喜欢的事情呢？孩子真正喜欢什么，真正擅长什么，其实孩子自己是最清楚的。所以，坚持还是放弃，要让孩子来把握。

有一些父母热衷于竞争和控制，甚至会替孩子完成作业。无独有偶，埃丝特就遇见过同样的情况。加州的四年级学生都会参加"加州使命项目"。他们的任务是用方糖块制作手工制品。孩子们最后都交上来精心制作的工艺品——拱形走廊、钟楼、倾斜的瓦片屋顶，很明显这些不是学生自己做的，而是学生家长为了让孩子得奖替他们做的。

教育为什么会演变成作秀呢？为了让孩子有一个更高的分数，为了让孩子得奖弄虚作假，完全没有必要。埃丝特的闺密——梅耶·马斯克，就是埃隆·马斯克的母亲，她的做法则截然不同。

当孩子的作业需要家长签字时，梅耶·马斯克总是让孩子好好模仿她的签名，自己在作业上签字。埃丝特问她为什么要让孩子这么做骗老师呢？她回答道："我哪有时间管他们呀，我要养家糊口，一个人做好几份工作，一天到晚忙得要命。他们也应该为自己负一些责任吧？"

我们要知道，模仿签名不是这件事的重点，重点是父母知道孩子模仿。这意味着是父母授权孩子做这件事的，孩子要为自己的学习负责。这或许解释了为何埃隆·马斯克是那么"奇怪"的一个人，又为何做了那么多奇怪又了不起的事情。

在这一点上，我们应该反思：我们究竟是做那个替孩子写作业的家长，还是做那个放开手、让孩子自己承担没交作业后果的家长。

科技十诫

不少父母都在担心和抱怨自己孩子的自制力差，影响自制力的一个很大的因素就是手机等科技产品的使用。这现在已经成了大家最头疼的事情，不但影响孩子的视力，还会影响到孩子学习的专注度。在这个问题上，埃丝特建议我们跟孩子制定一个"科技十诫"。无论在家里还是学校，她都制定了"科技十诫"。这是她经过多年摸索，跟大量孩子共同探讨出来的结果。

首先，我们可以告诉孩子们，手机会有什么问题和危害。比如，对视力的影响、对专注度的影响、对深入思考问题的影响、对人际关系的影响。举个例子，大家都在一张桌子上吃饭，有三个人看手机，这饭肯定吃得就很没意思。中国古人讲"一人向隅，举座不欢"，一个人冲着墙角坐，剩下的人也都不高兴，讲的就是这个道理。

其次，我们再跟孩子一起讨论使用手机的规则。我们会发现孩子讨论制定出来的规则，比我们预先想的要严厉的多。

"科技十诫"具体内容是什么呢？包括这么几项：

第一，我们可以跟孩子一起制订手机的使用计划，不要替孩子制订计划。

第二，吃饭的时候不使用手机。

第三，上床后不使用手机。

第四，为年纪比较小的孩子规定使用手机的合理范围。要让小孩子知道，手机可以用来报警，用来找爸爸妈妈，我们可以教给孩子如何在紧急情况下用手机求助。

第五，带孩子一起参加社交活动时，让孩子自己制定手机使用的规则和违背规则的惩罚措施。

第六，孩子越小，对其管教应该越严格，在孩子八岁以后，可以适当放手，让孩子自我控制。

第七，父母在使用手机方面以身作则。

第八，与孩子讨论哪些照片可以拍，哪些声音可以录。要让孩子知道有网络暴力的存在，有的声音和图片传播出去会给自己或者别人带来很大的伤害。

第九，跟孩子解释什么是网络暴力，帮助孩子理解网络暴力的负面影响，不仅包括对他人的影响，还包括对自己的影响。帮助孩子理解幽默的界线。

第十，告诉孩子不要泄露个人信息。

这些就是"科技十诫"，也是帮助孩子独立的一个方法。

两种类型的坚毅

独立能够带来好奇心。我们允许孩子独立判断，独立探索，他们就会遇到很多很有趣的事情。埃丝特的三个女儿用亲身经历证明了这一点。

她们很小的时候有一个外号，叫作"柠檬姑娘"。有一次，她们跑去跟邻居商量，想把邻居的柠檬树给包下来，然后把柠檬卖出去。她们挎着篮子挨家挨户地推销柠檬，甚至还卖给柠檬树的主人。这种探索的过程往往能给孩子们留下很美好的回忆，对于独立性也有了更强的感受。

一个真正有独立性的孩子，会更加容易拥有坚毅的品质。我之前讲过一本书叫《坚毅：培养热情、毅力和设立目标的实用方法》，坚毅不是指任何事情都要迎难而上，不是什么事难就干什么事，什么事痛苦就干什么事，不是把吃苦当作成功的一部分，这不叫坚毅。

真正的坚毅是拥有成长型思维。遇见困难不会被击倒，而是思考能够从挫折中学到些什么，在该放弃的时候也要学会放弃，但也会反思这次的放弃教会了自己什么，永远在成长。

埃丝特认为，"直升机父母"最容易培养出平庸的孩子。什么是"直升机父母"呢？这类父母像直升机一样悬停在孩子的头顶，孩子无论做什么，父母都在旁边观察；孩子一旦出现了问题，父母就第一时间出现，替孩子把所有问题处理掉。这些孩子每天在父母的庇佑下学习和生活，很有可能考上斯坦福、耶鲁这样的名校。但是在进入社会工作后，他们经常从事的是没有挑战性的工作，而且无法长期从事。因为他们没有自己做过人生的决定，没有体会过独立的感觉，所以很容易放弃。

坚毅分为两种，一种是为父母而生的坚毅，就像刚才提到的孩子，他们的坚毅是假的，是做给父母看的；另一种是因热情而生的坚毅，这类孩子喜欢一件事物会自主探索，为之努力。无论发生什么，他们都会勇往直前，因为推动他们的是热情而不是恐惧。

这才是我们想要在孩子身上激发出来的品质：真正的坚毅源于不可动摇的强烈热情，父母要追求的，也是孩子人生意义上的成功。

合作：实施合作型教养

合作的前提是相互信任、尊重和独立。如果这三项都有了，那么合作就是顺理成章的事情。哪怕三项中只缺一项，合作也会变得非常困难。

　　在成为老师的第一年，埃丝特要负责五个班的课程，这意味着同样的内容要重复五遍，这对于她来说是件令人崩溃的事情。当时校长对每个老师的要求就是"管好自己的课堂"，也就是要求学生都认真地坐着听讲。

　　但是她的想法是：能不能让孩子参与到课堂里来？于是她开始做教学实验，让孩子们分组讨论，并上台分享，也就是我们所了解的讨论式教学、翻转课堂。

　　但是她的教学方式并不被校长接受，于是，她想出一个办法：跟这些孩子合作，校长来旁听的时候，他们就安静认真地听课，校长走了以后就恢复到讨论的状态。

　　随着埃丝特的教学成果愈发进步，她的胆子渐渐大了起来。

　　1986 年，她路过购物中心的一家店铺，橱窗里摆着一台麦金塔电脑。屏幕上出现了"你好"两个字，好像在跟她说话一样。她从来没见过这样的东西，但是她确定这比她的学生们用的老式打字机要好。于是，她就通过学校向政府申请经费。虽然被学校提醒经费申请的竞争非常激烈，但还是得到了政府的拨款。收到电脑以后，没人知道怎么用。但是她坚信，孩子们能找到使用方法，后来，孩子们很快摸索出了怎么用电脑排版、打字。埃丝特还为自己的课程定制 T 恤，组织学生办校报，办出了一份甚至可以批评校长的报纸。

　　埃丝特把教养方式分为两种：专制型教养和合作型教养。过去学校所流行的通常是专制型教养，告诉孩子要听话，要听老师和家长的。但是现在更倡导的是合作型教养，要让孩子成为老师和家长的合作者。作为父母，我们要怎样做呢？

第一，我们要改变自己的语言方式。跟孩子说话的时候，不能以高高在上的姿态，用自己一定对、孩子一定错的方式，而要用一种探讨的、尊重的，把孩子当作有独立思考能力的对象的方式。

第二，要让孩子能够找到机会去为家庭和社会做贡献，这也是培养他们合作能力的一个非常有效的入口。

第三，多组织团队活动，让他们参加各种比赛等。如果犯错了，要进行反思性的写作，写自己犯了什么错，打算怎么去改正。

当然，有时候孩子们之间"合作"得过头了，会互相抄袭作业或者去别的地方抄作文。埃丝特发现以后，她的办法是给这个孩子打一个 0 分。

孩子们都很害怕打 0 分，因为 0 分会对后续升学产生很大的影响。她会把孩子找来谈话，"你害怕 0 分吗？""害怕。""那我为什么给你打 0 分呢？因为你抄袭了，我想知道的是你的想法，我并不想知道那个人的想法。你愿不愿意改？你愿不愿意把这个 0 分改成A？如果你愿意，我可以等你。"

老师给孩子机会，孩子一定会非常认真地回去重新写作文。写完了以后再拿来给老师看，然后再改，一直改到能够得到 A 为止。

她更希望能够给孩子 A，不是说一定要用具体分数来量化这些孩子的能力，教会孩子们怎么从 0 分到得 A，这才是最重要的。

我们也不用担心孩子在合作的过程中犯错，因为犯错本身就是学习的一个过程。我们作为家长也无须焦虑，否则我们可能会把自己的焦虑传染给孩子。

有的家长可能会问："如果父母自身不足以成为孩子理想的榜样，该怎么办呢？"埃丝特给出了这个问题的答案。她说："如果你不是孩子理想的榜样更好。那你正好可以给孩子示范你是如何改正的，爸爸是怎么进步的。"我们改变自己，归根结底要遵守三个原则。

一是留意自己的行为，然后下决心改变。我们要不断地留心自己的行为，意识到自己什么地方有问题，然后不断地改变。二是把目标分享给孩子，让孩子跟我们一起使劲，让孩子帮助我们进步。三是用灵活的思路去处理自己的问题，改变自己的行为模式绝不是一朝一夕就可以的。如果不指望自己一开始就做到完美，那么感觉就会好很多。虽然我们要坚持自己的目标，但也要懂得灵活应变。

善意：培养同理心和感恩之心

善意可以让孩子有温情、懂得关爱、有同理心，能够理解和关心别人。我们如果只教孩子追求第一，只看成绩，不管孩子是否有善意，导致的结果就是，你会培养出一个自恋的孩子，自恋的孩子缺乏善意和同理心。

善意有多重要呢？善意才是真正的软实力。一个人的善意是他在这个社会上生存、拼搏最重要的软实力，这比学科融合的综合教育更重要。

我们很多家长认为善意并不重要，认为孩子要活得更坚韧一点，更凶悍一点。

其实不是这样的，我们应该从对家人的礼貌问候开始，培养孩子好的习惯，教育他们对人尊重和感恩。感恩能够让人快乐，埃丝特会倡导大家写感恩日记，来感谢生活中遇到的人。

埃丝特家有个非常有意思的传统，每年圣诞节的时候都要去商场里面买一棵"最可悲"的树。我们大部分人肯定会买又直又大的圣诞树，回家布置起来也会更容易，那就总会有几棵"其貌不扬"的树被剩下。埃丝特就会和家人把这棵没人要的"最可悲"的树带回家，一起过圣诞节。

她用这种有趣的方式来帮助孩子培养同理心，培养善意，培养内心柔软的感觉。我们也可以学习这种方式，养宠物也是一个很好的办法。让孩子养只小猫、小狗或者小鸭子，自己照顾它，体会这种充满爱心的感觉。

埃丝特作为老师，在学校的时候又通过另一种有趣的方法让孩子感受到善意。

每次在带一个新班的时候，埃丝特都会要求这个班上的同学重新分组。怎么分组呢？她让每个孩子写一个小纸条，上边写上最希望在一起的三个人。然后她把纸条收到一起。最后总有几个孩子是没被人写到的，她不会让大家知道这几个学生没被人写到，而是直接把这几个孩子组成一组。她用这样的方法让每个孩子都觉得自己有人关心、有人喜欢。

这些没有人写名字的孩子往往都很孤僻胆小，他们在班级中常感觉有压力。所以这些孩子在过了几十年后还会给她写信，感谢她当年这个举措，让他们的内心变得更加强大。

如果每一个老师都能够不排斥孩子，花一点小心思去帮助每个孩子找到归属感，学校就会变得更温暖。

所谓的善意，就是对整个社会的奉献精神。例如，珍妮特到非洲做艾滋病的研究，去帮助处于危险境地的穷人。我们普通人能拥有的奉献精神就是：不要把工作当成一件很糟糕的事情，我们可以永远为这个社会散发光和热。这种精神就是一种更大范围的善意。

史蒂夫·乔布斯有一句著名的话："正是那些疯狂到以为自己能够改变世界的人，最终真正地改变了这个世界。"对于传统的教育体制而言，TRICK教养法也是"疯狂"的。尽管父母总想把最好的东西给孩子，但正是看似"慈爱"与"充满支持"的教养方式在扼杀孩子学习与成长的内在能力。我们要信任孩子、尊重孩子，让他们学会独立、合作和善意，我们将用这种方式来改变世界。